FÊTES FORAINES
DE PARIS

Tiré à cent trente exemplaires

N° 100

BIBLIOTHÈQUE NATIONALE

GABRIEL MOUREY

FÊTES FORAINES DE PARIS

GRAVURES D'EDGAR CHAHINE

PARIS

MDCCCCVI

POUR LES CENT BIBLIOPHILES

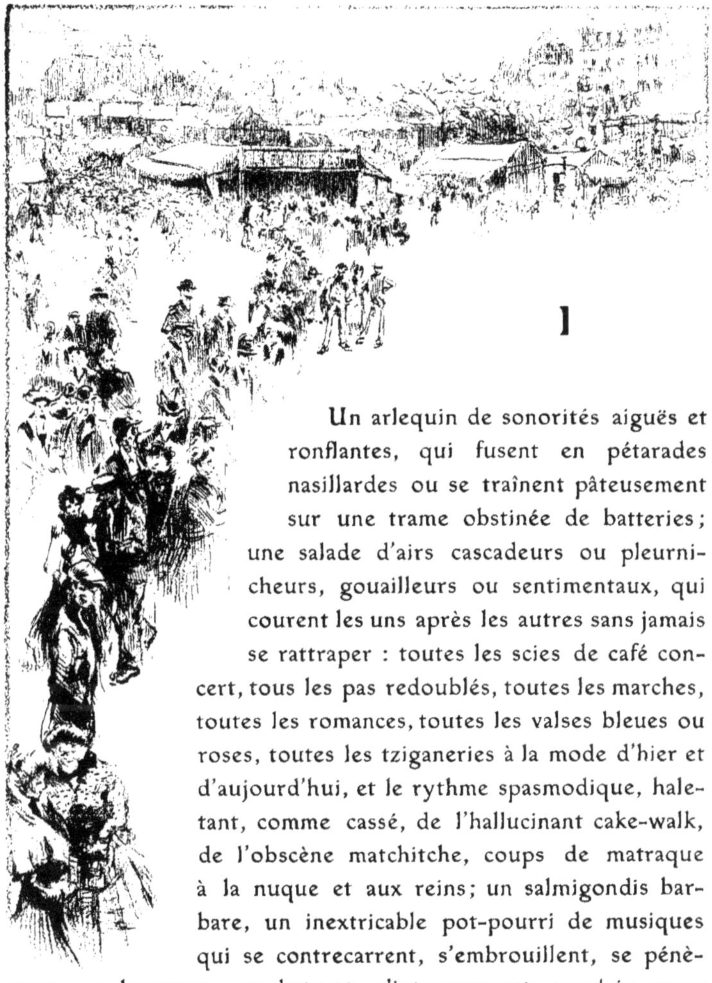

I

Un arlequin de sonorités aiguës et ronflantes, qui fusent en pétarades nasillardes ou se traînent pâteusement sur une trame obstinée de batteries; une salade d'airs cascadeurs ou pleurnicheurs, gouailleurs ou sentimentaux, qui courent les uns après les autres sans jamais se rattraper : toutes les scies de café concert, tous les pas redoublés, toutes les marches, toutes les romances, toutes les valses bleues ou roses, toutes les tziganeries à la mode d'hier et d'aujourd'hui, et le rythme spasmodique, haletant, comme cassé, de l'hallucinant cake-walk, de l'obscène matchitche, coups de matraque à la nuque et aux reins; un salmigondis barbare, un inextricable pot-pourri de musiques qui se contrecarrent, s'embrouillent, se pénètrent, se heurtent, se battent, s'interrompent soudain pour reprendre aussitôt avec une frénésie nouvelle dans un tournoiement vertigineux scandé par des sifflements de machines à vapeur, des appels de sirène comme en pleine mer sous le brouillard, et des sonneries de cloches et des signaux de trompes ; un innommable et innombrable galimatias de bruits disparates et incohérents où les rugissements d'une ménagerie voisine se confondent avec le tonnerre d'un train en marche, des cris de femmes violées, les coups de gueule des aboyeurs sur les estrades, des détonations de pistolets et de carabines.

Une cacophonie analogue de couleurs, de formes, de gestes, de mouvements. Les verts acides qui font grincer les dents et les verts fades, modern style, qui lèvent le cœur, les roses vineux de roses trémières flétries, coudoient les jaunes faux, les bleus de blanchisserie, les répugnants violets de fraises à la crème, les rouges sang de bœuf caillé, les bruns de matières fécales, toute la gamme des colorations voyantes et inharmoniques, soutenue, sertie par des ors brutaux, des luisants métalliques, une folie de clinquant et de toc. Cela, au plein soleil, supplicie la rétine, contracte l'épigastre, provoque la nausée ; mais cela, la nuit, parmi les jeux imprévus et changeants des lumières artificielles, dans le papillotement capricieux des flammes

immobiles ou dansantes, flammes blanches, en boules de neige, des lampes à arc, flammes rougeâtres du gaz et du pétrole, lampions électriques, fleurs de celluloïd, lanternes vénitiennes ou chinoises, jets livides d'acétylène, suspensions à globe des salles à manger de la petite bourgeoisie, appliques à miroirs, pauvres chandelles en des tubes de verre, cela, parmi les indécisions, les contrastes, les différences d'intensité et de couleur de tous ces foyers lumineux, cela s'harmonise étrangement, cela revêt une certaine beauté tapageuse et qui s'accorde avec le tohu-bohu des cris, des musiques, des halètements de piston, des sons de cloche, des bruits de ferraille, des coups de feu. Les sensations de la vue complètent celles de l'ouïe; elles se confondent même et s'intervertissent : l'œil perçoit des sons, l'oreille des couleurs... et l'odorat n'est pas moins délicieusement affecté. Il erre dans l'air des odeurs de fauves mêlées à des relents de friture, des parfums de crottin et d'urine confondus, l'été, avec l'arome des sueurs humaines.

On va ainsi, durant des heures, dans le traînassement de la foule, à travers une avenue de boutiques, de carrousels, de théâtres, de ménageries, de musées de cire, de cafés et de rôtisseries en plein vent, de baraques de toute sorte, aux étalages, aux façades, aux estrades violemment bariolées sur lesquelles s'agite une humanité caricaturale et carnavalesque, épileptiquement gesticulante, avec un air de famille, à la fois arsouille et bon enfant, crapuleux et honnête...

De minables silhouettes de hères en oripeaux flambants, d'opulentes matrones en robe de soie et couvertes de faux bijoux, d'exquises et redoutables gigolettes en maillot et tutu ou voilant à peine sous la transparence de gazes pailletées des formes équivoques et garçonnières, des dompteuses et des lutteuses aux énormes cuisses lie de vin comprimées dans des caleçons de peau de tigre en peluche, des impresarios en habit rouge, des barnums en habit noir avec de gros diamants au plastron douteux de leur chemise, des gas à casquette, en jersey rayé de canotiers, des gamins et des gamines costumés en pages ou en anges de féerie, de faux ou

de vrais sauvages avaleurs de scorpions et mangeurs de choses immondes, des acrobates et des équilibristes à tête pommadée de garçons coiffeurs, des clowns, de ridicules, de pitoyables clowns de foire avec des cous de charretiers dans des collerettes jadis blanches, le chapeau pointu de caoutchouc planté sur une perruque carotte, une couche de plâtre balafrée de sang sur des joues et un menton mal rasés,

tout un peuple de baladins, d'hercules, de jongleurs, de cabrioleurs et de bobinos, de nicolets et de paillasses, de charmeuses de serpents et de femmes-torpilles, s'agite sur les tréteaux, parmi des piaillements de cacatoès, des gambades de singes, des bêlements de moutons à deux têtes, des boniments d'arracheurs de dents gueulés dans des porte-voix de zinc verni par des forts de la halle en toilette de soirée, cependant que trônent derrière eux, immobiles au milieu de ces frénésies, de belles demoiselles qui, sur de hautes tables drapées de tapis à ramages, édifient des piles de cartons crasseux et, durant que se poursuit la parade, mettent de l'ordre dans le tiroir à compartiments de la recette.

Et la foule s'amuse, rit de leurs grimaces et de leurs tours, applaudit aux plaisanteries grossières, toujours les mêmes, qu'ils débitent, les interpelle, les excite de ses quolibets; une allusion obscène déclanche la gaîté, exalte l'enthousiasme; on fraternise, les visages s'allument, la joie règne! Femmes du peuple portant leurs enfants sur les bras, cercleux et calicots, ouvriers en bourgeron et demi-mondaines, apaches, bourgeoises et pierreuses, trottins et soldats, collégiens et vieillards, il suffit de quelques syllabes salaces, pour que les distances qui socialement, sinon moralement, les séparent, s'abolissent; un instant, ils se sentent tous pareils les uns aux autres et solidaires, ils se voient égaux devant la sexualité. Entre ces êtres que rien ne rattachait naguère, des liens se créent tout à coup, l'obsession du désir qui fait des soirées de Paris, selon les lieux et les saisons, des fournaises de luxure et transforment la ville du travail et de la pensée en une brûlante cité d'amour.

Cependant, devant les jeux de massacre, les tirs, les loteries d'articles de ménage, se pressent de copieuses familles et les panopticums où, pour dix centimes, on peut faire le tour du monde, jouissent, auprès de ce public sérieux, d'une égale faveur.

Les affreux mannequins, contre lesquels s'acharne la maladresse de ces paisibles boutiquiers et de ces petits bourgeois amis de l'ordre, figurent à leurs yeux tout un état de choses pour le maintien duquel ils se feraient tuer mais qu'il leur plaît, de temps en temps, de bafouer, comme pour se convaincre qu'ils restent, malgré tout, des hommes libres. Qu'un juge, qu'un soldat, qu'un prêtre, qu'un sergot, qu'un gendarme soit culbuté, démoli par un boulet de chiffons, cela leur procure une espèce d'ivresse, leur donne une fierté. Il en est qui visent toujours la même poupée, avec une obstination rancunière; ce leur est une manière de gesticuler leurs convictions politiques ou religieuses, d'exprimer les idées, les sentiments dominants de leur vie, leurs déboires, leurs désillusions. Celui-ci en veut au juge, celui-là au prêtre, tous au gendarme et à la belle-mère. Et haïe donc! Les boulets de chiffons, avec un bruit mou, suppriment ces ennemis de l'humanité civilisée, les spectateurs applaudissent; le massacreur, comme d'usage, est acclamé.

La psychologie est autre des couples qui, durant des heures, restent plantés, de longs cartons en main couverts de chiffres, devant les étalages étincelants de soupières, de saladiers, de vases à fleurs et de nuit, d'objets en porcelaine et en verre de tout genre et de tout emploi. Ce sont gens d'intérieur qui songent au solide. De quel regard attendri ils contemplent le service à café Louis XV, six tasses, le sucrier et la cafetière, qui excite leurs convoitises; ceux-là, par contre, c'est sur une garniture de toilette art nouveau, décorée de chardons et de ténias, qu'ils ont jeté leur dévolu; ils se la montrent du doigt, ils en détaillent le charme, ils en supputent la valeur. On reconnaît un petit ménage d'employés, la femme, blonde grassouillette au visage chiffonné, dans les modes, le mari chez quelque gros commissionnaire du Sentier. « Je t'assure, dit-elle — et elle s'y connaît! — que c'est l'article de 17,95 à la *Samaritaine;* le même, exactement. »

Mais un roulement de sonnette tinte, comme pendant la messe, au moment de l'élévation, et tout le monde se tait. Les

roues du hasard se mettent à tourner, elles tournent, elles tournent, éblouissantes, avec un léger bruit de moulin à café. Une minute, une éternité s'écoule ; elles tournent encore, elles tournent toujours.

Trois coups de sonnette, puis un roulement : elles viennent de s'arrêter. Enfin ! La même angoisse étreint tous les cœurs. Le numéro gagnant est proclamé : la garniture

de toilette quitte à regret son étagère, se sépare sans plaisir du service à café Louis XV, des soupières, des saladiers, des vases à fleurs et de nuit.

La petite blonde, toute pâle et triomphante, conquiert le pot à eau, tandis que son mari se charge de la cuvette... et les voilà partis; ils ne sont pas venus ici pour s'amuser. Je les devine rentrés chez eux, je jouis de leur joie puérile, j'entends la femme répéter sans relâche qu' « il n'y a pas à s'y tromper », que « c'est bien l'article de 17,95 à la *Samaritaine*, le même exactement », je vois leur intérieur méticuleusement tenu, d'une irréprochable propreté, chambre en pitchpin, avec un parasol japonais au plafond, salle à manger Henri II en chêne ciré de chez Dufayel (douze mois de crédit, cinématographe, salle des fêtes, etc.). — Comme ils sont fiers de leur bien-être, comme ils sont heureux de vivre! La chance leur a souri. N'y ont-ils pas, aussi, quelque mérite?

Ils auraient pu, comme d'autres, se ruer aux montagnes russes, courir aux manèges d'automobiles, de cochons roses, de chats blancs, de maquereaux, d'autruches et de lions, se laisser glisser dans la fantastique spirale du tobogan, rendre visite aux derniers aztèques ou aux fauves de Bidel et de Pezon, pénétrer chez les dresseuses de puces ou chez la femme à trois jambes...

La femme à trois jambes! Dans une niche de toile peinte, du style mauresque le plus pur, cette phénoménale personne exhibe sa difformité. Pour vingt centimes, pas davantage, on la peut voir juchée sur une estrade, vêtue d'un peignoir de satinette mauve et de dentelles et flanquée de deux cachepots à paysages de décalcomanie où des coleus artificiels achèvent de se décolorer dans un terreau de mousse pisseuse.

C'est une forte demoiselle dont le teint est piqué de taches de rousseur et dont la chevelure, rare, a la couleur des blés pourris par une averse. La représentation commence, le rideau se lève, c'est-à-dire qu'elle relève sa robe jusqu'au-dessus de ses genoux. Serrées dans des mitaines de laine noire, trois jambes apparaissent, celle du milieu, la supplémentaire, moins grasse que les autres, aux doigts de pied moins bien tenus, et

plus courte aussi, car la jeune beauté se met debout et il est facile de constater, — « Approchez-vous, mesdames et messieurs! » — que cette patte superfétatoire ne touche pas le sol, reste suspendue dans le vide, pend comme une queue : ce n'est, après tout, pas autre chose qu'une queue. Qu'elle appartienne ou non au corps dont elle prétend être le précieux et exceptionnel ornement, que cette monstruosité soit réelle ou machinée, truquée, il n'importe; l'illusion est complète... et des questions envahissent l'esprit. Cet appendice, comment s'attache-t-il, comment s'amorce-t-il au tronc, où se trouve son point de départ?... « Ce que ça doit la gêner, tout de même, dans certains cas! » murmure un loustic; les deux femmes qui l'accompagnent éclatent de rire, puis lui parlent à l'oreille, le pressent d'interrogations. Il leur répond à mi-voix : on perçoit un susurrement de mots orduriers, d'allusions obscènes et scatologiques.

On voudrait fuir, mais une malsaine curiosité vous retient; on songe, malgré soi, au mystère de ces dessous, on imagine d'étranges complications, de fantastiques déviations d'organes, on évoque des accomplissements anormaux des fonctions naturelles... Le spectacle, heureusement, prend fin; le phénomène s'est réinstallé sur sa chaise et pudiquement a laissé retomber son peignoir mauve.

Déjà l'on est dehors, en plein air, l'on se hâte pour échapper aux répugnantes explications que l'homme continue de fournir à ses deux compagnes, à haute et intelligible voix maintenant... on est repris par le tourbillon des musiques, des cris, des coups de lumière, par le chatoiement de la foule dans les couleurs et les bruits où l'ignoble vision se dissipe.

L'horreur suprême, cependant, on ne la peut connaître, l'infini du dégoût, on ne peut l'atteindre qu'entre les murs de toile des musées d'anatomie. On y respire une atmosphère d'hôpital, de morgue, de cimetière, phénol et matières en putréfaction, fadeur du sang répandu, odeur des plaies ouvertes, des ouates iodoformées, des taffetas gommés, de l'éther, du chloroforme.

Dans des cages ou des bocaux, sous des globes et des cloches de verre, s'offre au regard un déballage d'amphithéâtre, un décrochez-moi-ça de salle d'opération et de boucherie humaine. Des membres écorchés saignent sur des étagères, se dressent ou pendent dans des cercueils de velours; de crânes coupés en deux s'échappent de livides cervelles; des segments de visages rongés

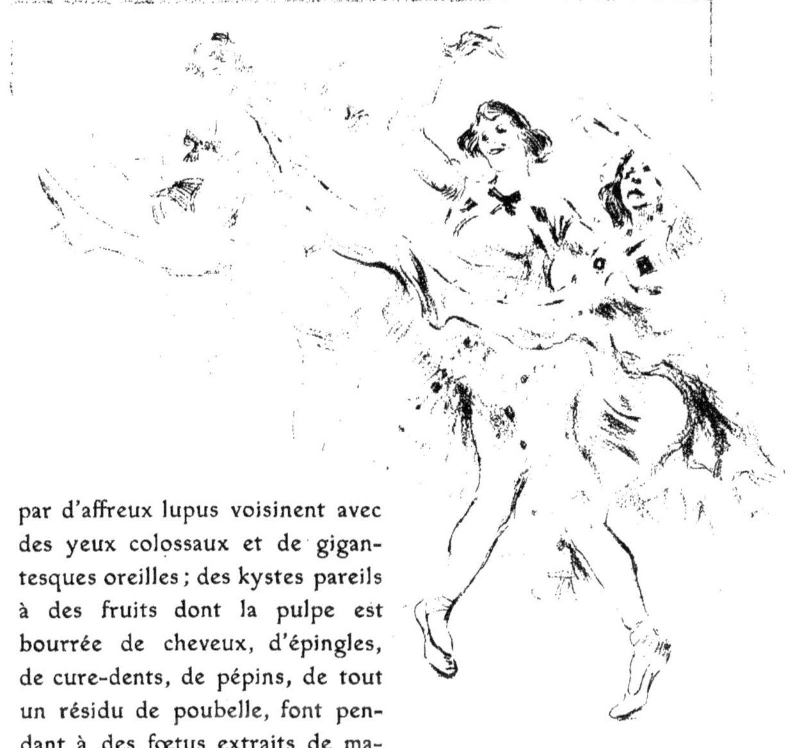

par d'affreux lupus voisinent avec des yeux colossaux et de gigantesques oreilles; des kystes pareils à des fruits dont la pulpe est bourrée de cheveux, d'épingles, de cure-dents, de pépins, de tout un résidu de poubelle, font pendant à des fœtus extraits de matrices entr'ouvertes par de reluisants forceps, tandis que des cœurs au péricarde transparent révèlent le mystère des ventricules et des oreillettes, des valvules et des veines pulmonaires, et que l'on peut assister, grâce à une série de planches et de reliefs, au travail complet de la digestion.

Mais ce ne sont là, si l'on peut dire, que les bagatelles de la porte, le pelotage avant le jeu : armez-vous de courage et franchissez, pour vingt-cinq centimes de supplément, le seuil du musée secret, où ne pénètrent que les jeunes gens au-dessus de quinze ans et les dames accompagnées. Aux relents de salle de garde s'ajoutent des parfums de mauvais lieu : c'est le sanctuaire de l'amour et de la mort, des suggestions aphrodisiaques et en même temps des hontes sexuelles, des tares inavouées ; c'est le royaume des épouvantements. On y parle à voix basse, la gorge serrée, les nerfs tordus par une angoisse; on se sent blêmir en se penchant sur ces figurations, grandeur nature, d'organes rongés par d'épouvantables chancres, déformés par de parasites végétations, sur ces moulages de sexes composites, d'appareils génitaux fabuleux et excessifs. Cela est à la fois burlesque et lugubre, ridicule et effrayant ; on ne peut s'empêcher de songer, avec terreur, à l'existence atroce des pauvres êtres que la nature favorise de pareilles infirmités, à qui le hasard inflige le supplice de tels châtiments, d'aussi cruelles expiations ; et l'on a envie de pleurer et de vomir...

Quelle délivrance de se retrouver parmi des vivants, de voir des visages qui sourient, s'animent, des yeux qui brillent, au sortir de ce charnier! et comme ces hommes et ces femmes, qui vont et viennent sous les guirlandes de fleurs électriques, cohue confuse que surexcite l'appétit du plaisir, paraissent séduisants, même beaux, après ce cauchemar de sang et de mort! Ils s'amusent, ils sont de grands enfants dans le jardin des illusions, et il leur suffit de si peu pour oublier leurs misères, les menaces des maladies, des désastres, les luttes de la vie quotidienne, leur médiocrité, leurs inquiétudes d'avenir! Ils s'amusent. Délicieuse naïveté, inestimable don d'échapper à soi-même, de se fuir! Ils s'amusent, ou ils en ont l'air, et c'est assez pour créer cette fièvre de gaieté, cette contagion d'entrain.

Ces spectacles, ce mouvement, ces décors flamboyants, ces musiques, tout cela n'offre à leurs yeux aucune nouveauté,

rien d'imprévu ni d'inédit; ils le connaissent depuis des années. Ils en jouissent, cependant, aussi franchement et aussi fraîchement qu'au premier jour.

Observez cette foule, suivez ses impulsions, écoutez-la penser à haute voix : sa puérilité, son inconscience déconcerte. Elle est à la fois stupide, d'une épaisse stupidité qui fait peur, et spirituelle, délicieusement fantaisiste et prime-sautière; elle est à la fois terriblement brutale et grossière et délicatement compréhensive et raffinée. Elle se grise du bruit qu'elle crée, du mouvement dont elle s'agite : elle chante, elle rit, elle gesticule, elle se bouscule, elle boit, mange, regarde, écoute, avec une espèce d'ardeur passionnée, de frénésie communicative, où tous les éléments qui la composent s'associent, se pénètrent, se fondent. Si divers et si nombreux en effet que paraissent les éléments constitutifs de cette foule, ils se combinent, quels que soient la saison et le lieu de ces fêtes foraines, de façon analogue et leur formation est pareille. Où que les entrepreneurs de spectacles plantent leurs tentes, installent leurs baraques, leurs théâtres, leurs manèges, leurs boutiques, à Vaugirard ou à la barrière du Trône, boulevard de Clichy ou à Neuilly, boulevard d'Italie ou sous les arbres du parc de Saint-Cloud, ici, là ou ailleurs, c'est les petites gens du quartier qui fournissent le fonds du public. Public partout le même, ou à peu près, dont la foire est la seule distraction de l'année, distraction peu coûteuse, à portée de la main, qui vient à lui, transforme un mois, cinq semaines durant, l'aspect de l'avenue, de la place où elle s'installe, crée une anima-

tion réjouissante, prolonge jusqu'au milieu de la nuit l'amusement du bruit, de la lumière, devient un lieu de rendez-vous où l'on sait que l'on retrouvera toujours quelqu'un de connaissance. Les mères de famille, sitôt le ménage fini, s'y transportent avec leur nichée; de vieux couples en pantoufles sommeillent ou lisent les feuilletons du *Petit Journal*; ouvriers et ouvrières sans travail, et les désœuvrés, les flâneurs, les traîne-la-savate des deux sexes, qui peuplent en temps ordinaire les squares et les jardins publics, en font leur quartier général; une nuée de gamins, au sortir de l'école, s'abat autour des chevaux de bois, devant les étalages de pain d'épice et de sucreries, grimpe aux armatures du tobogan et des montagnes russes, badaude aux tréteaux des ménageries, se poursuit entre les roues des roulottes.

Des chanteurs ambulants surviennent; on fait cercle pour les entendre. Les mélodies amoureuses et patriotiques s'égrènent avec un bruit de baisers, d'oiseaux dans l'azur du printemps fleuri, avec le roulement des tambours et l'appel de cuivre des clairons sonnant la revanche : *Mignonne, voici l'avril,* ou *L'air est pur, la route est large,* les *Stances à Manon* ou *C'est un oiseau qui vient de France;* et l'âme du peuple s'énamoure et s'exalte; aux visages de ces filles en cheveux, de ces hommes en blouse, de ces enfants, de ces vieillards, flétris ou ravagés par une hérédité de misère ou de vice, par l'accoutumance du travail dur, le lyrisme de ces refrains met une flamme d'idéalité; images sentimentales et cocardières, cœurs traversés de flèches tatoués au bras des anciens sous-offs et balancement au frontail des chevaux d'omnibus de drapeaux français et de drapeaux russes, c'est toutes ces choses qui emplissent de rêve leurs regards, tandis qu'accompagnées par les grincements des violons et les traits de la clarinette, montent les voix emphatiques ou roucoulantes des chanteurs des rues.

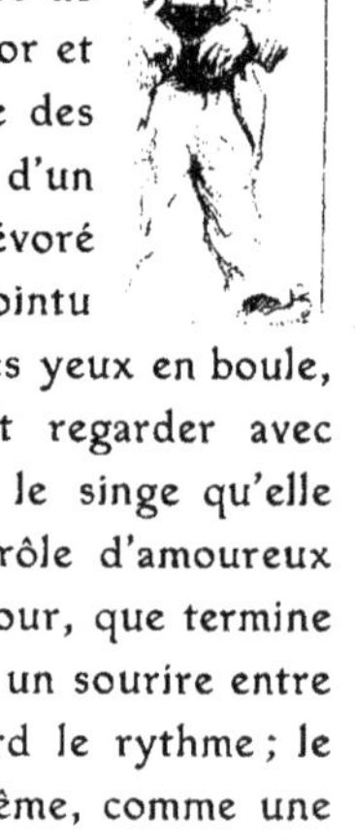

Ou bien, sur une loque de tapis à fleurs, une étrange fille aux cheveux de jais, au teint olivâtre, une espèce d'Esmeralda en maillot rouge pailleté, fait travailler un vieux singe; il porte une souquenille de marquis Louis XV, en soie violette, galonnée d'or et un tricorne assorti; il saute à la corde, soulève des poids, danse le cake-walk, aux miaulements d'un accordéon qu'étire un gas dont le front est dévoré par une drue tignasse rousse et le museau pointu ressemble à un éperon de cuirassé. Il roule des yeux en boule, féroces et vindicatifs, contre quiconque paraît regarder avec plus de plaisir la fille au maillot pailleté que le singe qu'elle présente; il est menaçant et ridicule dans ce rôle d'amoureux jaloux. Elle fait des grâces, et après chaque tour, que termine le singe par une culbute, elle envoie au public un sourire entre deux baisers. L'accordéon halète, sanglote, perd le rythme; le marquis Louis XV tourne à présent sur lui-même, comme une toupie, les basques de sa souquenille relevées, laissant voir les taches bleues et rouges de son derrière; Esmeralda pousse, pour l'exciter, de petits cris rauques, et sa cravache, régulièrement, cingle l'air, jusqu'au moment où la pauvre bête, n'en pouvant plus, s'affaisse sur le sol. Alors les spectateurs applaudissent, et la dresseuse ayant pris l'animal sur son épaule, leur tend, en guise de sébile, le petit tricorne violet et or, où quelques sous tombent à regret, sans bruit.

Les jeudis après midi, le champ de foire est envahi par une armée d'enfants, devient le royaume de la Joie, de l'Émerveillement, de l'Enthousiasme. Les tout petits, dans les bras des mamans et des nourrices ou assis dans leurs hautes voitures, écarquillent les yeux, tendent les mains ouvertes à tout ce qu'ils

voient; les éclats de rire partent en fusées, les mignons visages rayonnent.

Les plus grands, garçonnets et fillettes, vont par troupeaux, jouant du mirliton, secouant des plumeaux de papier de couleur, lançant des serpentins, avec des animaux de chenille piqués à leur chapeau, des cocardes de clinquant et de plumes, des cochons de pain d'épice, où est inscrit en filigrane de sucre rose leur prénom, suspendus à leur cou par des rubans. Ils font le siège des balançoires, des manèges de bicyclettes, des carrousels de chevaux de bois à la vieille mode; les uns sont pâles, les autres rouges de plaisir; ceux-ci ont peur et rient à travers des larmes; des rubans claquent, des chapeaux s'envolent. Il faut les voir courir, agiter leurs jambes nues, il faut les entendre crier, il faut assister durant des heures à leurs trépignements, à leurs gambades, à leur délire, pour se rendre compte de la force de résistance dont sont capables ces mignonnes créatures d'aspect fragile et délicat.

Sur les chevaux, sur les autruches de carton-pâte où ils sont attachés par des courroies, où ils se cramponnent de leurs petites mains comme pour les empêcher de s'envoler, ils passeraient des journées et des journées; il en est que, parfois, le sommeil dompte, dans les bras des mères ou des bonnes; que le manège s'arrête, ils s'éveillent, écarquillent les yeux, perçoivent que ça ne tourne plus, et se mettent à hurler. On croirait un collège d'enfants martyrs, dépecés vivants sur des tables d'opération, écorchés crus, mis à frire dans des poêles d'ogre : une tribu de cacatoès ne fait pas plus de bruit, une bande de chats amoureux dans la jungle des cheminées, sur les toits de zinc par une nuit de lune, ne déchire pas de miaulements plus sonores et moins harmonieux l'atmosphère. La violence seule les peut vaincre ; il n'y a qu'à les emporter de force à pleines mains par la peau du derrière, en leur meurtrissant les cuisses de sauvages fessées, ou qu'à leur administrer, sous le jet des fontaines publiques, une sérieuse douche.

Redoutables crépuscules des jeudis forains, envahissement tumultueux des tramways par une cohue de femmes au chapeau de travers, trimbalant une marmaille piaillante dont les visages violacés sont pleins de larmes et de confiture, dont les mains étreignent jalousement de piteux débris de jouets, de poisseux détritus de berlingots et de sucres de pomme. On imagine la rentrée à la maison, l'ascension pénible des cinq étages ou l'engloutissement au fond des arrière-boutiques mal éclairées, de ces

voyageurs encombrants, la mise au lit de toute cette enfance enivrée, puis l'inquiétude maternelle près des sommeils fiévreux et bavards, et le retour des maris dans l'appartement bouleversé, les lampes pas allumées, des vêtements d'enfants entassés sur la table où devrait bientôt fumer la soupe... enfin, durant des jours et des jours, l'obsession, dans le cerveau du petit être, des choses vues et jouies, la transposition dans ses gestes, dans sa mimique, dans son langage de toutes les sensations emmagasinées :

il est, à la fois, le lion et le dompteur, il est tour à tour et en même temps le clown et la danseuse du théâtre des familles, et le chariot des montagnes russes, et le sauvage qui boit du feu, et la machine à vapeur qui fait tourner les automobiles et les cochons roses, et toute la foire avec ses cris, ses couleurs, son mouvement, son exubérance tapageuse...

Pires encore sont les dimanches forains, pour peu que soit clémente la saison. Au public des jours de semaine se joint une cohue de militaires, de collégiens, d'employés, de gens de maison, d'ouvriers et d'escarpes, de boutiquiers et de pick-pockets. Par tous les modes de locomotion ils se déversent, des points les plus éloignés de la ville, sur le champ de fête, et il en vient aussi des banlieues environnantes et des campagnes limitrophes.

Tous, ils ont revêtu leurs habits de gala, ils se sont mis sur leur plus propre; c'est l'endimanchement dans toute son horreur. Les visages sont lavés de frais, les vêtements ont encore les plis de l'armoire; cette foule sent la benzine et les parfums à bon marché. On reconnaît les domestiques à ce qu'ils portent des habits trop étroits ou trop amples, sortis naguère de chez le teinturier et qui ne leur appartiennent que depuis peu; on distingue les ouvriers à la façon dont ils portent, n'en ayant point l'habitude, leur chapeau, les employés à leur fausse élégance, les militaires, comme dit la chanson, à leur uniforme. Tous, ils sont affublés de sémillantes compagnes, fières de les posséder; elles s'appuient à leur bras amoureusement, celles surtout dont le ventre ballonne. Dans les épis compacts de cette foule, les enfants sont des fleurs étouffées; ce n'est point pour eux, d'ailleurs, que l'on vient là aujourd'hui; on les traînera tout l'après-midi par la main, comme des chiens au bout d'une ficelle, enfouis dans des robes de femmes balayant la poussière, le nez dans des postérieurs d'hommes ; le père parfois les empoigne, et les voilà juchés sur une épaule, ou à califourchon, qui dominent toutes les têtes, cuisses à l'air, leur jean-bart brimbalant au dos.

La nuit descend ; on se hâte vers les échoppes de victuailles, on fait le siège des marchandes de frites ; il y a, sous des tentes, des rôtisseries flambantes, les poulets tournent, alléchants ; il y a des restaurants en plein vent qui exhalent des odeurs de navarin et de miroton ; on s'installe sur des tabourets branlants, autour de tables graisseuses et violacées ; les familles ont apporté leur manger ; des restes de gigot, des blocs de gruyère, sont extraits des cabas et des filets, les papiers tachés de sang s'envolent ; la dépense se borne à l'acquisition du pain et du vin que de minables garçons déposent, contre espèces, sur les tables. D'autres, plus fortunés, apaisent leur faim avec la ratatouille des gargotes ; d'innombrables couples sont installés, les genoux se touchant, les yeux dans les yeux ; entre deux bouchées ils se caressent et s'embrassent, puis continuent à éponger la sauce des assiettes avec des morceaux de pain. Dans les sautes malodorantes des becs d'acétylène, parmi des jets de lumière blafarde, les visages se déforment, balafrés d'ombres incohérentes, des silhouettes font des gestes violents ; ces groupes paisibles de gens qui dînent donnent l'impression d'un campement d'insurgés un soir d'émeute.

C'est l'heure indécise : dans le ciel traîne encore un reste de clarté, il semble que la nuit hésite. On ne sait, d'ailleurs ; l'air est chargé de fumées, de poussières, d'exhalations pesantes et délétères, de miasmes empestés. Comme le couchant doit être beau dans la campagne ! des lueurs roses baisent le sommet des

collines, le faîte des arbres; on entend le cri des oiseaux qui s'appellent pour le sommeil, les cahots d'une charrette sur la route invisible; tout se détend, tout se dispose au repos; tout se purifie; tout s'attendrit, tout s'atténue sereinement, les formes, les couleurs, les pensées, tout va se dissoudre dans l'ombre.

Ici, féeriquement, mille foyers s'allument d'un coup; des boulets aveuglants traversent les avenues, s'arrêtent suspendus dans le vide; des chaînes de lumière, des guirlandes de flamme, des rosaces de fleurs ardentes s'inscrivent sur le fond de la nuit. Des reflets courent, des traî-

nées de clarté s'élancent, s'écrasent, après un court trajet, contre des cloisons de bois, sur des enseignes multicolores, éclairant ici un grouillement de promeneurs, un fouillis de visages attentifs, là des coins d'ombre morte où l'on démêle un enchevêtrement de charpentes, la chute d'un toit de toile, des oripeaux accrochés aux murs de baraques et de boutiques.

Et par delà le royaume de Joie, derrière les silhouettes découpées des frontons, des façades à faux reliefs et les longues lignes droites des tentes, s'étagent au loin, parmi les lueurs agonisantes du ciel, les masses de hauts immeubles, les murailles des avenues hérissées d'innombrables cheminées de zinc, avec les milliers d'yeux clignotants des fenêtres.

Soirs de Paris, crépuscules voilés de brume et de fumée, sur l'activité de l'énorme ville, sur l'agitation de tout un peuple, grise chute du jour, montée mélancolique de la nuit sur l'immense fourmilière jamais lasse de son effort, jamais lasse de son plaisir. Heure merveilleuse dans son indécision, où tout s'agrandit et se poétise, où tout prend une beauté. C'est, le long des trottoirs, la floraison lumineuse des réverbères, la course en tous sens des voitures aux lanternes de couleur, les nappes de clarté des boutiques, tandis qu'une lueur teinte encore le ciel, bleuit la perspective des hautes façades, se reflète tout à coup, le voile de la brume s'étant déchiré, en coulée d'or rose dans les ruisseaux ou sur l'asphalte humide, s'étale doucement sur les murs gris, met derrière les découpures des toits, dont elle glace d'un sourire un instant les ardoises et le zinc, un passage de nuées ardentes... C'est, dans les branches dépouillées des jardins et des squares presque déserts déjà et silencieux malgré le bourdonnement et la lumière des rues environnantes, le floconnement obscur de la nuit, avec, sur le lac éteint des gazons, le geste fantômal d'une statue... C'est, dans les faubourgs de travail et de misère, les énormes masses d'ombre et de clartés dansantes, des usines et des ateliers, et les impasses lugubres, et les mornes cités ouvrières, et les larges boulevards qu'éventrent des trouées de terrains vagues, des brèches sur des paysages de deuil, avec là-haut, si haut, si loin, par les soirs clairs, le tremblotement des étoiles dans les champs infinis de l'azur assombri.

Autour des grands manèges tout flambants de lumière électrique, de fraîches couleurs et d'ors, reflétés dans des jeux de miroirs qui multiplient à l'infini tous ces étincellements, se concentrent, le soir, les élégances des fêtes foraines. A Neuilly surtout, de dix heures à minuit, c'est là que se donnent rendez-vous les promeneuses des Folies-Bergère et du Casino de Paris et leurs clients habituels : le monde de la haute... et de la basse noce y tient ses assises et toute la vie de la foire y afflue. Les énormes édifices de staff et de toile peinte, d'acier, de carton verni, de bois laqué, sont de tournoyants palais de féerie qui exercent sur l'âme des foules une irrésistible et mystérieuse attraction.

On a de la peine, cependant, à imaginer quelle sorte de volupté peuvent éprouver des êtres humains à chevaucher, à toute vitesse, pendant des heures, dans un bruit de ferraille et d'orgue mécanique, de fantaisistes montures, à se laisser emporter dans la course vertigineuse et cahotée de chariots tournoyants sur eux-mêmes, d'animaux étranges, montant et descendant dans des pals de cuivre poli ou rythmiquement mus en avant et en arrière par de puissants ressorts à boudin. Sont-ce là des lieux de plaisir ou de supplice? Il en est dont le volumineux toit circulaire, traversé par une cheminée, tourne à l'inverse du carrousel lui-même; d'autres qui joignent, aux agréments du simple mouvement giratoire, les douceurs des montagnes russes; les regarder

suffit à provoquer le mal de mer, on se sent devenir ivre, les jambes molles, l'estomac pesant.

Rien de plus hideux, d'ailleurs, ni qui offense davantage le goût ; quels sauvages ont présidé à la fabrication de ces chevaux de bois modern style ou Louis XV, quels manœuvres ont modelé ces ornementations, choisi, entre tant d'autres, ces combinaisons de couleurs et de formes? on ne se le demande pas longtemps, et, sans en déduire, malgré tout, que l'on serait incapable en France de perpétrer de telles horreurs, il devient vite aisé de leur attribuer, à la plupart du moins d'entre elles, une origine germanique. Celle-ci, soyez-en sûr, vient directement de Francfort ou de Hambourg : c'est une rotonde dont le chapeau pointu, genre pagode, est supporté par des piliers de rocaille, hérissés de fleurs, coupés de médaillons où sourient des têtes de femmes. Pour y pénétrer, on franchit un arc de triomphe que flanquent, hissés sur des piédestaux

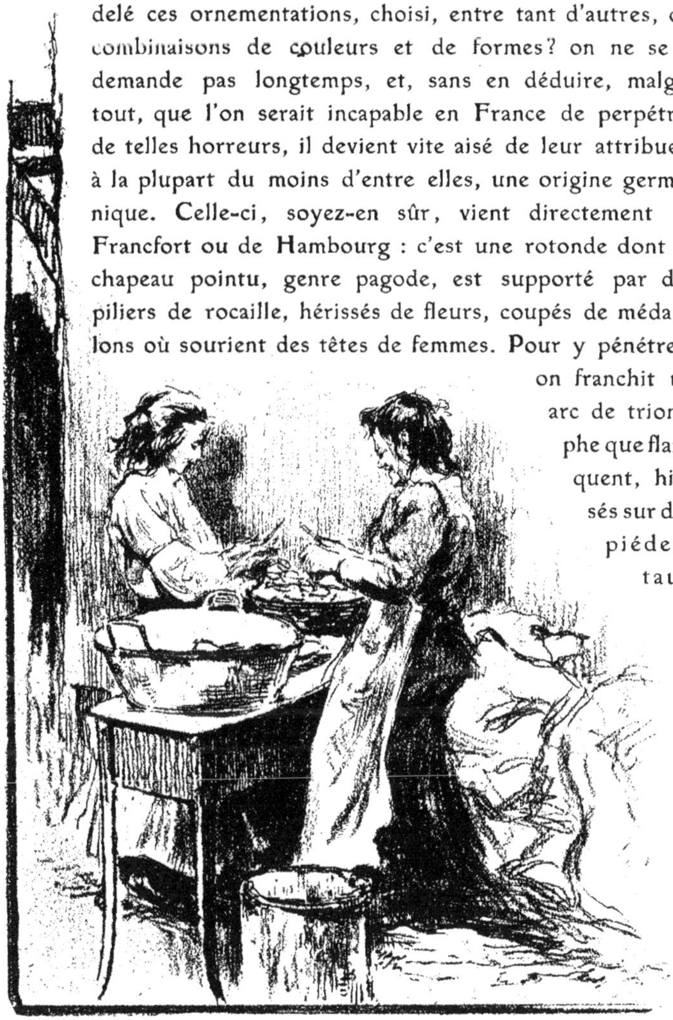

surchargés d'ornements, deux chevaliers en armure, qui ressemblent à Lohengrin et à l'Empereur d'Allemagne ; ils tiennent des oriflammes, leurs casques sont cimés de monstres héraldiques, et ils sourient d'un air vainqueur, la moustache en croc, le regard fixe. Les palefrois qu'ils montent paraissent plus réjouissants encore : par leurs naseaux et leurs yeux ils crachent, grâce à l'heureuse adjonction d'ampoules électriques, des jets de flammes aux couleurs changeantes. Cependant, dans l'enceinte close par des balustrades en accord avec les piliers, courent, avec un assourdissant fracas, d'énormes charrettes sans roues, de pesants véhicules de gala couverts de rinceaux, de coquilles, de blasons, de femmes nues, en saindoux blanc ou rosé, dont les sièges sont garnis de velours cramoisi. Et cela tourne aux accents d'un orgue monumental qui ne joue que des airs graves et pompeux et devant les tuyaux argentés duquel, sur une plate-forme de château fort, un conseil de guerre de burgraves bat la mesure avec des gestes dominateurs.

Les carrousels de chats blancs, de gros matous à rubans bleus, les manèges d'automobiles, étincelants de cuivres et de zinc émaillé, les courses de canots en pitchpin au dais de toile claire, les chevaux-de-bois d'autruches, de lions, de tigres, sont, en comparaison, moins répugnants, provoquent un moins violent dégoût, et l'on finit par trouver spirituel et élégant celui, tant fêté, des cochons roses. Ils ont un air bon enfant, une familiarité d'allures qui séduit, et la façon dont tirebouchonne leur queue, dont s'entr'ouvre et se relève leur groin dans un perpétuel reniflement, le regard malicieux de leurs petits yeux écarquillés sous la retombée molle de leurs oreilles, désarme et conquiert. Et puis, ils symbolisent si parfaitement l'obsession secrète ou avouée de ceux et de celles qui sont leurs cavaliers habituels. On ne peut s'empêcher d'évoquer le cochon que conduit, ou plutôt qui conduit, par un cordon de soie, la *Pornocrates* aux yeux bandés de Félicien Rops, poignante et classique image de la luxure, devant le triomphe de laquelle s'enfuient, désespérés, dans le ciel, les amours ailés, et méditent mélancoliquement les génies enfantins figurant les arts, les sciences, les lettres, toute la pensée et tout le travail humain. La calvacade des gorets, point n'est besoin

de se fatiguer les méninges pour expliquer le succès qui l'accueillit et pourquoi la vogue lui reste, et lui restera, longtemps encore fidèle. L'entrepreneur de jeux publics qui en est l'inventeur apparaît, sinon un homme de génie, du moins un profond psychologue : on érige aujourd'hui des statues à de plus contestables gloires.

De loin, dans l'éclat blafard des lampes à arc, on dirait, derrière la houle noire de la foule, une énorme corbeille, tournoyante, de fleurs, un colossal bouquet de roses, de roses blanches, de roses thé, de roses roses... On ne distingue rien qu'un tourbillon de choses neigeuses et nacrées, pétales, flocons ailés, écharpes de soie, de mousselines, de gazes, de dentelles envolées, emportées par un orage de lumière et de musique. L'impression est délicieuse, d'une féerie blanche, d'un épanouissement miraculeux de printemps dans une gigantesque coquille marine, sous une pluie de perles, au clair de lune.

Malheureusement, cela s'arrête et le charme est rompu. Point tout à fait, cependant ; le bouquet est dénoué, les fleurs s'éparpillent, elles sont vivantes, elles sont humaines ; il émane d'elles une odeur fiévreuse, de chair et d'essences, exaltée par le mouvement, et dans l'amas de choses neigeuses et nacrées, on voit étinceler des visages, luire des yeux, rire des bouches, on voit se tendre des croupes, se cambrer des jambes, se gonfler des gorges nues...

Ce sont les buveuses des bars à la mode et les soupeuses des restaurants de nuit, celles du Moulin-Rouge et du Jardin de Paris, celles des bouis-bouis de Montmartre et des Ambassadeurs, celles du Rat mort et de l'Américain, du quartier de l'Europe et du quartier Marbeuf; ce sont les promeneuses de la Chaussée d'Antin et des Folies-Bergère, celles qui logent dans toutes les maisons meublées, dans tous les hôtels à la demi-heure de tous les arrondissements, celles qui courent les maisons de rendez-vous et celles qui ont pignon sur rue, celles qui se louent pour dix francs et celles qui se donnent pour cent, celles dont le bas de soie est la tirelire et celles qui ont un portefeuille de tout repos et un coffre-fort, pour leurs bijoux et leur argenterie, dans les sous-sols du Crédit Lyonnais.

Elles sont toutes là, puisqu'elles sont partout; elles créent un rayon-

nement d'élégances, une atmosphère de convoitises, de sensualité, elles mettent dans l'air un remuement de clartés soyeuses, de choses savoureuses et légères, de gestes souples et troublants, de parfums, de désirs; elles donnent de la joie aux yeux. Elles vont par troupes, dans les promenoirs des music-halls, devant les terrasses des grands cafés étincelants, sous les arbres brûlés de lumière des jardins de plaisir, elles vont, avec des chapeaux qui sont des chefs-d'œuvre et des robes froufroutantes, et des sorties de bal et des manteaux qui sont de délicates merveilles, elles vont, les regards langoureux et provocants, les lèvres chargées de rouges promesses, les hanches onduleuses, la taille flexible appelant l'étreinte, et leur passage, en reflets, dans les profondeurs claires des miroirs, parmi les lueurs roses et blanches, rouges et jaunes des abat-jour, parmi le chatoiement des argenteries et des cristaux sur le champ

immaculé des nappes, parmi les odeurs chaudes des plats et fraîches des fruits, parmi les rythmes énervants des musiques tziganes, leurs reflets seuls suffisent à composer une image de beauté particulière, toute moderne, infiniment séduisante et raffinée.

Ici, dans le laisser aller tapageur et démocratique de la fête, elles s'abandonnent et se débraillent, l'ivresse des chevauchées tournantes les défarde et les décoiffe; on en voit qui, à califourchon sur la croupe rebondie des cochons roses, se pâment, les yeux clos, entre les bras des godelureaux qui les accompagnent; leur robe remonte au vent, l'envolement de leurs dessous révèle des coins de chair rose, des chapeaux se dérobent, des chevelures se défont; d'autres, montées sur la même bête, se tiennent à la taille... le vertige de la vitesse les affole, leurs visages se confondent, leurs bouches se baisent... on entend des cris jouisseurs ou épouvantés que couvre le fracas des orgues mécaniques...

Une foule pressée assiste à ces ébats, les contemple, s'en divertit avec des regards concupiscents et admiratifs; des mères de famille sont là, des femmes du peuple, des ouvriers et des ouvrières, des fillettes, des ménages d'employés et de petits bourgeois, des pierreuses et des voyous, que le prestige de l'élégance, vraie ou fausse, du luxe, authentique ou non, de la joie artificielle ou sincère, méduse. Ils peinent, les uns et les autres, ils luttent désespérément pour satisfaire aux nécessités les plus élémentaires de la vie, mais on les sent indulgents, sinon bienveillants, pour tous ceux qui — qu'importent les moyens dont ils usent! — parviennent, ou en ont l'air, à en triompher. Les amazones des cochons roses n'étaient-elles pas hier les trottins,

les apprêteuses, les petites mains, les filles de chambre ou de cuisine, qui, ce soir, éprouvent tant de plaisir à les regarder? Elles ont eu de la chance, voilà tout; cela mérite l'envie, non le mépris. Et qui donc les méprise? Enfin, elles sont heureuses, aimées, et elles s'amusent...

Un coup de sifflet : le manège des cochons roses se remet en mouvement, la corbeille de fleurs se reforme, le colossal bouquet tourne, tourne dans l'éclat blafard des lampes à arc.

La baraque où sont exhibés les derniers aztèques ne désemplit pas. Elle est, à l'intérieur, divisée en deux salles par un épais rideau; dès que les gradins de l'une sont occupés, la représentation commence, et du temps qu'elle se déroule, les gradins de l'autre achèvent de se garnir; on entend à travers la cloison qui les sépare des éclats de rire, des applaudissements et l'on prend patience. Sur une petite scène, il y a un guéridon de fer avec deux verres et une carafe, et deux chaises : c'est tout; c'est assez, sinon plus qu'il n'en faut, pour surexciter les curiosités.

Un coup de timbre : le lourd rideau se soulève, et l'on voit apparaître, donnant la main à deux monstres, un Paul Bourget en habit crasseux, le revers de soie luisante de son frac couvert d'une ferblanterie fantaisiste, l'air d'un plénipotentiaire disgracié, chu dans la débine. Tous trois saluent, l'assistance répond par une fusée de rires et de quolibets : c'est les mêmes réflexions plates et saugrenues, les mêmes plaisanteries que devant les cages du Jardin des Plantes. Ces pauvres êtres peuvent-ils, cependant, inspirer autre chose que de la pitié? Les voici hissés sur leurs chaises, tandis que le barnum, debout, allant et venant, débite, avec une excessive volubilité, son boniment.

Examinez-les : l'homme, Maximo, est vêtu d'une robe de chambre taillée dans un vieux rideau à ramages d'hôtel meublé, la femme, Barthola — ils poussent un gloussement et clignent des yeux quand le Paul Bourget prononce leurs noms — porte une robe de faille à volants et à falbalas, avec un bouquet de fleurs artificielles au corsage. Ils sont petits et leurs pieds ne touchent pas le sol : ils ont l'aspect de vieux enfants rachitiques et noués; ils ont, l'un et l'autre, un profil de poisson, un crâne aplati au sommet et pointu par derrière, une face toute en nez, sans front, ou toute en front plutôt, sans nez — car on ne saurait dire où le front commence, où finit le nez, et réciproquement, — presque pas de menton, le maxillaire inférieur fuyant et mince, la lèvre supérieure avancée, les paupières tombantes

sur des regards à la fois malicieux et hébétés, le teint jaunâtre, les cheveux hirsutes et drus, massés en boule au point culminant de la tête. Lui mâchonne, en bavant, un mégot dont péniblement il parvient à tirer des bouffées que, renversé en arrière, il s'amuse à faire monter au plafond; elle sourit sans cesse, les traits doux, avec une espèce de grâce aristocratique et surannée. Ils ont des gestes courts mais sans sécheresse; à tout propos, ils s'inclinent du buste et saluent de la main; sur un signe bref du barnum, ils se lèvent, font quelque pas avec une démarche indécise, titubante de canards et tâtonnante de somnambules.

Par quelle étrange et mystérieuse association d'idées, la vision naît-elle en moi, tandis que je les regarde, d'un vieux couple de magots de porcelaine descendus tout à coup de leur étagère, dans un intérieur colonial du XVIIIe siècle, grande maison à vérandah, pleine d'animaux familiers, chats, perruches et guenons... Et puis, je songe aux vicissitudes de leur existence, au

concours d'aventures qui, des frontières lointaines de leur pays natal, les conduisit ici, je songe à leur enfance, aux décors de nature que contemplèrent leurs yeux, à leurs souvenirs, à leurs regrets. Quelles idées habitent leur cerveau, quelle conception des choses, de nous-mêmes, tandis qu'ils nous regardent, se font-ils? Et ils m'apparaissent, ces représentants d'une civilisation disparue, d'une race en train de s'éteindre, ces pauvres êtres que les gens devant qui ils s'exhibent jugent si laids et si stupides, infiniment plus intéressants à pénétrer que mes voisins et mes voisines de banquette... Que d'images, emmagasinées dans leur rétine, qu'il pourrait m'être précieux et instructif de connaître, que de pensées, si rudimentaires soient-elles, sous les cloisons de leur boîte cranienne, dont je n'aurais sans doute que du profit à tirer, s'il m'était possible de les connaître.

Mais les voici descendus, avec l'aide du barnum, de leur estrade et faisant « le tour de la société » en débitant des cartes postales, leurs portraits, et je m'amuse à examiner les apparences des civilisés qui tout à l'heure trouvaient tant de joie à se payer, comme on dit vulgairement, leur tête. En quoi ces faces de gigolettes et de marlous aux traits marqués par le vice et l'alcool, en quoi ces faces d'ouvriers et de femmes du peuple, de bourgeois et de bourgeoises, sont-elles plus belles, esthétiquement et d'expression psychologique, que les visages pointus de ces dégénérés? Les moqueries, d'ailleurs, font trêve, et nul ne songe plus à rire; de près, dès qu'ils ont cessé d'être l'attrait d'un spectacle payant, les derniers aztèques, le señor Maximo et la señora Barthola, ne sont plus qu'un homme et une femme comme les autres, des êtres humains que l'on sent pareils à soi, des frères de douleur et de joie, de misère morale et physique, dont chacun comprend enfin qu'il ne faut pas rire, parce qu'autour de leurs yeux on peut voir la trace de larmes...

O les dessous de ces existences, les dessous douloureux, tragiques de ces vies humaines, la chute lente à l'oubli de soi, à l'abêtissement, à l'esclavage muet, qui n'ose plus se plaindre, qui subit toutes les dégradations, de ces pauvres êtres sous la tyrannie brutale de celui qui est devenu leur maître! Leur souffrance de chaque minute, pour peu qu'ils conservent, malgré l'émoussement de leur intelligence et de leur volonté, le sentiment d'être encore, malgré leur enveloppe de monstres, des hommes, comment l'imaginer? Comment se faire une idée exacte de leur incessante torture, du supplice qui les martyrise, supplice de se voir offert ainsi en pâture aux curiosités, aux attouchements, aux moqueries d'une foule qui, pour quelques sous, a acheté, avant d'entrer, le droit d'être cruelle et de s'amuser en l'étant, supplice de contempler des visages,

des corps normaux, d'y lire la santé et la joie, d'envier les autres, ceux qui sont venus là sur ces gradins, autour de cette estrade pour rire de vous, supplice de se savoir une exception, un monstre, un objet de dégoût et d'horreur, d'étaler aux yeux de tous le mystère de ses infirmités et de ses difformités. Mais il faut vivre, et les monstres, pareillement aux autres hommes, aiment la vie.

La Ferme cévenole offre aux amateurs de monstruosités un choix exceptionnel d'articles « uniques », « exclusifs », pour parler l'argot des boutiquiers et des calicots. On y peut voir, sous un toit de prélarts, entre des murs de bâches, un parc de bestiaux difformes, une étable de bêtes apocalyptiques : brebis à trois têtes, boucs à cinq pattes, vaches à double mufle, un veau au cou duquel pousse une corne, une chèvre n'ayant qu'un œil au milieu du front, un taureau dont la queue se termine en tête de canard, bien d'autres phénomènes non moins repoussants, mais que les visiteurs de cette étrange ménagerie prennent un non moins étrange plaisir à contempler. Il règne là une odeur acide et chaude de fumier qui, mêlée à la senteur acre des lampes à pétrole mal mouchées, dont la fumeuse lumière éclaire à peine, rend l'atmosphère irrespirable; on marche sur des choses molles et collantes; d'ignobles mouches vous harcèlent; des exhalaisons de gaz ammoniac vous brûlent les paupières. On voudrait fuir, mais on reste, car on est conduit et bonimenté par une affreuse petite gouape, moitié bouvier, moitié marlou, qui vaut d'être observée.

Il a quinze ans au plus, une jolie et fine tête brune sur un corps mal équarri, une voix ensoleillée, chantante mais dénaturée par l'accent des barrières, des yeux pétillants et vicieux qui dévêtent les femmes, et un bagout de député en tournée électorale; il ressemble à un saint Jean de Donatello abruti par l'alcoolisme, épuisé par de secrètes débauches; il est à la fois cynique et ingénu, ignoble et charmant. Il faut l'entendre vanter

la marchandise qu'il exhibe, détailler et décrire, par le menu, les déformations sexuelles et autres — avec quel sourire entendu il insiste sur les premières! — dont la Ferme cévenole présente un si merveilleux assortiment. Du bout d'une longue baguette, comme un professeur au tableau noir, il touche les objets de ses démonstrations; il soulève et agite la queue à tête de canard du taureau, il fouaille l'organe supplémentaire d'une truie; parfois même, il met la main à la pâte, enfonce ses doigts dans une masse de membranes sanguinolentes, écarte les bourrelets livides de muqueuses superfétatoires.

« Ne craignez rien, mesdames et messieurs, approchez-vous, touchez ! Voici la vache qui est mâle et femelle en même temps, et voici celle qui est aussi mâle et femelle, mais qui n'a pas de queue; vous pouvez toucher ! »

Et il essuie ses paumes dans la toison touffue de l'animal.

Rien n'est plus répugnant. Une envie folle vous prend de lui administrer, pour le guérir de sa bête vantardise, à ce gamin pervers et gouailleur, une formidable paire de gifles, surtout, quand on le voit, à grands coups de pied dans les membres meurtris des pauvres bêtes, les obliger à se lever, à présenter favorablement au public leurs difformités. On aperçoit alors surgir, de l'ombre fumeuse et puante, de monstrueuses masses de poils, de cornes, de mufles enchevêtrés, des croupes qui ressemblent à des avant-trains, des dos gonflés de gibbosités monumentales, d'excroissances informes d'où sortent de vagues et sourdes plaintes, des borborygmes de mugissements et de bêlements avortés. On pense aux gargouilles des cathédrales, aux animaux de la mythologie et de la légende, à une faune prédiluvienne, à des évocations de la magie et de la préhistoire, aux époques lointaines des longues luttes de l'homme pour débarrasser la terre des monstres qui la ravageaient, à tout le long travail d'affinement et de sélection qui s'est accompli au cours des millénaires pour domestiquer les forces animales. On songe aussi, avec terreur et tristesse, au mystérieux, à l'aveugle travail des

germes dans les matrices, aux hasards ignorés qui soudain violent la loi des espèces, détruisent d'un coup l'harmonie acquise, rompent le rythme de la création, démentent momentanément notre foi en le progrès des genèses. Et l'on quitte ce lieu de dégoûtante horreur, et l'on abandonne avec joie cette atmosphère pestilentielle, poursuivi par les recommandations obséquieuses du petit cicérone aux yeux cyniques, au sourire malsain, à la voix éraillée.

« N'oubliez pas, mesdames et messieurs, le jeune bouvier de la Ferme cévenole ; envoyez-nous vos amis et connaissances. »

Et il vous tend la main, en quête d'un pourboire, une main fine et ignoble, encore maculée de taches sanguinolentes et excrémentielles...

Non loin de là, une jolie, fraîche note de grâce et d'élégance toutes modernes : sur une estrade, pendant la parade d'une quelconque boutique à plaisir, un couple de danseurs, presque deux enfants, lui, vingt ans peut-être, elle, dix-huit à peine, des silhouettes sveltes et souples, agiles et légères, parmi des étincellements de soies, des envolements de dentelles et de rubans : ils sont délicieux à regarder. On dirait deux personnages échappés d'un jardin des fêtes galantes, un peu éblouis par la brutalité blafarde de la lumière électrique, au sortir des parcs profonds dont les clartés lunaires pénètrent si tendrement l'ombreux mystère : ils ont l'air de sortir d'un long rêve dans une solitude enchantée...

Peu à peu, cependant, leur danse

s'anime, une étrange danse passionnée, voluptueuse, où les bras de l'homme se tendent ardemment vers le corps de la danseuse, vont se refermer pour l'étreindre, et elle fait déjà le geste de se donner, elle mime le consentement extasié; sa bouche s'offre, fleur de chair ouverte, des regards mouillés se pâment sous ses paupières entrecloses et de ses reins elle ébauche le rythme de la possession. Lui, alors, son désir l'affole; il se jette à genoux, l'implore avec des gestes désespérés, il lève les mains vers elle, et son visage exprime tour à tour la souffrance, la colère, l'amour, la folie. Il devient fou, il va, il veut tuer. D'un bond, le voilà debout, prêt à frapper. Alors, elle éclate de rire, pirouette et tombe dans les bras de l'amoureux.

Un coup de cloche : la représentation commence ; ils disparaissent derrière le rideau qui ferme l'entrée de la baraque.

Tout le pittoresque, le vivant, l'amusant, l'imprévu, le caractéristique de ces fêtes foraines n'habite pas seulement l'espace restreint où sont installées les ménageries, les baraques de lutteurs, les manèges, les attractions de toute sorte ; elles prennent, selon le milieu auquel elles se superposent, selon le quartier dont c'est le tour de les accueillir, un intérêt spécial ; elles se particularisent ainsi.

Le public habituel change avec le décor. Ici l'élément ouvrier domine, là l'élément petit bourgeois, ailleurs l'élément familial, plus loin, l'élément mondain et demi-mondain. Tels spectacles font fureur à Belleville qui à Grenelle n'attirent personne, réussissent à Neuilly alors qu'à Montmartre ou à Saint-Cloud la foule les dédaigne : chaque arrondissement a ses mœurs, sa façon de comprendre le plaisir, sa manière de s'amuser qui influent, autant que la saison, sur l'aspect et la vie de la fête. Il y a des quartiers couche-tôt, et des quartiers noctambules, des quartiers pauvres où l'on dépense et des quartiers riches où l'amour de l'épargne, l'avarice ferment de bonne heure les persiennes, donnent aux rues et aux façades qui s'y alignent un air méfiant et renfrogné, un air d'ennui. De même il y a de laborieuses gens, qui peinent du matin au soir pour ne pas mourir de faim et qui ont de saines allures d'êtres aimant la vie et en jouissant, et de cossus gaillards et de coûteuses femmes, leurs épouses ou maîtresses, qui suintent le spleen, la lassitude d'exister, et promènent partout leur impuissance à être heureux, leurs mines blasées et indifférentes.

Quoi qu'il en soit, ici et là, le jour où les forains plantent leurs tentes, déballent leur attirail d'échafaudages, de toiles peintes, de chariots, de bibeloterie, de bancs, de fauves, de femmes à barbe, de lutteurs, de prélarts, de machines à vapeur, amarrent leurs roulottes et leurs wagons le long des avenues ou sous les charmilles des vieux parcs, ce jour-là est un jour de joie.

Petits boutiquiers, restaurateurs, chands de vins, petits et grands enfants, saluent leur arrivée ; tout un peuple, du matin au soir, tandis que s'élève la ville nomade, grouille sur les lieux, traîne sa flânerie curieuse autour des baraques en construction, assiste impatient à l'ajustage des pièces de bois, à la mise en place des estrades et des gradins, au déchargement des mille objets disparates, incohérents et ternes qui, une fois rejoints, unis, amalgamés, composeront une fois de plus le chatoyant décor de la fête.

Il y a bien, pour protester et s'indigner, les sérieux et paisibles locataires des maisons riveraines, ceux qui, tant que dureront ces réjouissances, ne pourront fermer l'œil, étoufferont entre leurs draps, si c'est l'été, tous volets clos contre les jets de lumière électrique, les hurlements des moteurs, le roulement des montagnes russes et des chevaux de bois, la cohue sonore des orchestres mécaniques, les odeurs de friture, les relents des fauves, les cris de la foule. On les aperçoit parfois de l'impériale des tramways et des omnibus, avant qu'ils se soient claquemurés derrière les jalousies et les rideaux, achevant de dîner ou fumant leur pipe sur leur balcon; ils ont les traits tirés et jaunes des gens qui ont perdu le sommeil, des regards lourds de fatigue dans des faces hébétées par l'obsession ; on les imagine, errant la nuit, de pièce en pièce, pour fuir le supplice de tout ce bruit qui s'acharne après eux, les poursuit comme un remords, se glisse entre les fentes des croisées, pénètre dans la cage de l'escalier où il se répercute et s'amplifie, escalade les toits, redescend en tourbillon dans les puits des cours intérieures ; on les imagine révoltés d'abord, avec de grands gestes de menace et de vengeance, puis en proie au mal des rages sourdes qui grincent des dents, enfin résignés et passifs, écrasés, sans nerfs, lamentables loques d'humanité que hantent sans trêve des rythmes rompus de marches militaires et de valses, enfoncés avec acharnement dans leurs cerveaux par des Euménides au service de la sainte Inquisition. Mais ne faut-il pas que le peuple s'amuse et que les forains gagnent leur vie?

Ils la gagnent, et plus aisément, plus largement qu'on ne croit, car s'il est des baraques déshéritées, des attractions sur lesquelles, quoiqu'elles ne semblent pas offrir au public moins d'agréments, s'acharne la guigne, combien d'autres où la foule se bouscule toujours aussi compacte et qui, le jour et la nuit, la semaine aussi bien que les dimanches et les fêtes, ne désemplissent point. Pareillement, dans la même rue, à

vingt mètres de distance, sur deux boutiques vendant les mêmes marchandises au même prix, l'une prospère, tandis que les affaires de l'autre périclitent.

L'attrait de la nouveauté, la séduction de l'inédit, du non-vu, ne signifie rien, en tout cas, quant au succès ou à l'insuccès des entreprises foraines, et telles d'entre elles qui, depuis des années et des années, promènent partout leurs programmes éculés, leurs numéros insignifiants, dans des locaux d'une saleté repoussante, conservent sans cesse la faveur de la masse. Plus, d'ailleurs, un spectacle présente de vulgarité, de grossièreté, de platitude, de bêtise, mieux il plaît, plus nombreux ceux qu'il met en joie. Point de turpitude qui n'ait sa clientèle, qui ne fasse recette; dans les cabarets du Néant, de l'Enfer, du Ciel, comme dans

les baraques où s'exhibent les maîtresses de l'assassin à la mode, les Merelli et les Casque d'or de l'actualité — qui a aussi ses litres d'or — la même cohue se presse, comme autour du symbole de son inguérissable sottise, de sa laideur et de son inconscience. En agitant, comme drapeau, sous le nez de la foule, le linge sale de l'amour et du crime, en bafouant l'idéal et la beauté, en donnant en pâture au peuple tout ce qui, seul, est le charme et la noblesse de la vie, en surexcitant, jusqu'à les affoler, les instincts, on sera toujours sûr du succès. Les entrepreneurs de spectacles, forains ou autres, et de feuilles publiques, le savent et ils en usent.

Ainsi, au cours de ses haltes dans Paris et autour de Paris, la fête foraine revêt un caractère différent, prend une physionomie particulière. Les barrières qui divisent l'énorme ville en tant de provinces, sont, en réalité, moins fictives qu'il ne paraît ; mêlez les groupes ethniques qui les peuplent, et leurs traits essentiels n'apparaîtront que mieux. Entre l'ouvrier de Grenelle et celui de Ménilmontant, entre le rapin de Montmartre et celui de Montparnasse, il n'y a pas plus de liens, pas plus de ressemblance qu'entre un Breton et un Provençal. Puis, combien se diversifient les manières d'être du même individu dans son milieu ou hors de son milieu ! Tout ici lui est familier, habituel, les gens et les choses, le décor et les mœurs; il se sait chez soi et à l'aise, il a mille points de contact et de repère, il fait partie d'un ensemble, il respire l'atmosphère qui lui convient, à laquelle il est accoutumé ; là, il se considère comme un étranger, il se trouve dépaysé, il n'a plus de racines, il n'est que de passage; il gîte à l'autre extrémité de la ville, par delà des blocs et des blocs alignés de maisons, formant des rues, des avenues, des boulevards, des places, dont il sait à peine le nom, à travers lesquels une machine roulante le ramènera tout à l'heure jusqu'au toit qui l'abrite.

Notez encore comme le décor artificiel, momentané, de la foire s'accorde... ou ne s'accorde pas avec le décor permanent de tel ou tel quartier, se plaque à celui-ci, se fond dans celui-là, détonne parmi les paisibles paysages urbains, discrets et silencieux d'ordinaire, de celui-ci, s'harmonise, au contraire, avec la vie bruyante, tout extérieure, mouvementée, de celui-là. A Neuilly, par exemple, hors le champ de la fête, hors la large artère où elle s'allonge et se développe, tout est éteint et mort, désert et endormi. A Montmartre, en revanche, son domaine s'étend sur la Butte entière, sa joie rayonne, s'étale librement, se multiplie, devient une unanime liesse qui jusqu'au matin emplit l'air de chansons et de musiques, s'enivre, s'enfièvre, court les beuglants et les mauvais lieux, les cabarets artistiques et les restaurants de nuit, le grand marché d'amour qui y est sans cesse ouvert.

Les forains, ici, lutteurs et acrobates, dompteurs et comédiens, peuvent se croire chez eux; ils y sont, en effet. Les danseuses de corde et les baladins, les athlètes et les clowns, les équilibristes et les belluaires ne vous semblent-ils pas dignes de frayer avec les poètes qui, sur la barre fixe de la syntaxe, réalisent de prodigieux rétablissements d'images, avec les peintres dont l'idéal n'est autre que d'apprivoiser la nature rebelle et de faire miroiter aux regards émerveillés du public la suprême harmonie des couleurs et des formes, avec les belles filles à la ceinture lâche qui ne refusent à personne le don de leurs charmes et montrent tant de science dans la gymnastique de la volupté.

Petites femmes de Willette au nez en l'air, à la gorge ronde et menue, aux jupes légères, aux chapeaux de pétales éparpillés par le vent de la réalité, petites femmes ingénues et jouisseuses, et vous, mélancoliques Pierrots noirs

et blancs, qui en savez plus sur la vie que bien des philosophes allemands, et toi, le croque-mort au nez rouge, fils du fossoyeur d'Elseneur, qui est de toutes les fêtes; trottins de Steinlen, petites-mains, blanchisseuses, midinettes aux regards curieux dans des faces maigrichonnes et lymphatiques, musiciens ambulants, bohêmes aux dos résignés, peintres en bâtiment et maçons, ouvriers et gamins, marmiteux en casquette graisseuse, vous êtes, tous, les frères et les sœurs de ces mangeurs de scorpions, de ces cake-walkeuses, de ces jongleurs, de ces sirènes, de ces haltéristes, de tout ce peuple de pauvres hères dont les gesticulations, la mimique, les grimaces, les tours de force, le travail vous distraient. Ce sont les artisans de votre joie.

Au flanc de la Butte, dans une de ces rues où se hasardent rarement les voitures et qui ont le calme des coins de province, avec les commérages du soir sur les portes et les jeux des enfants au beau milieu de la chaussée, je sais un bouge où se retrouvent, durant la fête, après minuit, les lutteurs et les gymnastes de la foire, les jeunes premières du théâtre des Familles et les musiciens de Pezon, le barnum des Derniers Aztèques et la fille de la dompteuse de puces, une blondinette aux cheveux d'étoupe et aux yeux noirs, avec des seins volumineux sur une maigre poitrine.

C'est le bouge traditionnel, le trou à voyous et à filles. Une friterie le flanque, à droite, tandis que s'ouvre, à gauche, le garni légendaire dont on devine, derrière les carreaux douteux de la porte, l'escalier en colimaçon, la planche à clefs et les bougeoirs de cuivre. Six mètres de long sur deux et demi de large : une vraie ratière; il faut se baisser presque pour y pénétrer.

Sur les murs, décorés de paysages vernis, hurlent des images patriotiques. Trois tonneaux servent de comptoir, deux étagères tiennent lieu d'office et le tain dartré par l'humidité d'une vieille glace double le chignon crépu où se fane une fleur, la taille, énorme sous une chemisette qui jadis fut blanche, de la patronne de céans.

Le soir venu, un petit fanal s'allume au-dessus de la porte ouverte à la fraîcheur nocturne; on dirait l'une de ces lanternes que, dans les vieilles villes, entretient devant la madone la piété des fidèles; mais l'image sainte est absente. A travers un brouillard de tabac, on voit s'agiter là d'étranges êtres, une fantastique ménagerie de bipèdes dont l'accoutrement laisse des doutes sur leur sexe respectif; les femelles ont les cheveux courts et les mâles les portent longs. Beaucoup sont en costume de cyclistes, quelques-uns arborent le veston de cuir des chauffeurs. Il y a aussi de problématiques souquenilles, des ulsters de jockey dans la débine, des « raglan » de pisseuse cheviotte raccourcis en tape-cul, des gilets d'écurie, des pantalons de velours bleu, et des bérets d'étudiants, et des feutres, aux larges bords, de rapins à la vieille mode : un décrochez-moi-ça de vélodrome suburbain et d'hippodrome banlieusard, d'office et de brasserie à femmes. Les femelles : un troupeau de grenouilles à tout faire, le trottoir et l'entolage; blouses de mousseline et jupes à traîne souillées par l'ordure et la boue des ruisseaux, canotiers de paille décolorés et déformés par les averses, bottines avachies sur des chaussettes de couleurs voyantes qui, quand elles retroussent leurs jupes, laissent voir la chair nue des mollets.

Une torpeur étouffante règne sous le plafond bas, d'où deux quinquets, malgré des réflecteurs de zinc, laissent pleuvoir une lumière lymphatique : on dirait, à travers la fumée des cigarettes et des pipes, les lueurs mortes du soleil derrière les brouillards londoniens. L'odeur aigre de la bière et le fade relent du vin, mêlés à l'arome épais de l'absinthe, s'aggravent par moments d'une bouffée de graisse chaude venue de la friterie voisine.

Dans cette atmosphère, on discerne mal les visages, et les gestes prennent une étrange imprécision : ici, le mouvement rythmique d'une main portant un verre à des lèvres invisibles;

là, l'étreinte immobile d'un bras autour d'une taille, le blottissement câlin d'une tête et d'une poitrine de femme contre une tête et une poitrine d'homme, un peu de clarté modelant la saillie d'un menton, glissant sur l'arête d'un nez, et les petits points rouges des cigarettes, à chaque aspiration, dans l'opacité de la brume.

Et ces êtres vivent là leur soirée, groupe d'habitués qui se connaissent tous, mènent la même vie de paresse et de vice, de misère et de découragement, traînent durant des heures et des heures sur ces bancs crasseux, sur ces chaises boiteuses, accoudent au bois poisseux de ces tables leur lamentable passivité dans l'espèce de rêverie lourde du tabac et de l'alcool. Gibier de maison centrale ou d'hôpital, en qui l'on sent définitivement abolie toute notion d'humanité; vers la misère morale de ces pauvres êtres, comment se pencher sans éprouver, en domptant le dégoût qu'ils inspirent d'abord, un mouvement de pitié! Ils sont si faibles et si désarmés! Quelles idées habitent leur cerveau, logent dans ces boîtes craniennes aplaties par d'héréditaires dégénérescences! Vivre! ils vivent; ils ont vécu aujourd'hui, que leur importe demain? Demain, c'est le coup de hasard toujours attendu, toujours espéré, qui les tirera d'affaire : mais demain, ils le savent, s'achèvera sans qu'ait sonné l'heure de la délivrance. Et puis, ne sont-ils pas heureux ainsi, dans l'ivresse permanente de l'espoir sans cesse déçu, et sans cesse renaissant? Interrogez-les; ils ne se plaignent que pour la forme, par habitude; proposez-leur de les arracher à leur existence de paresse, de demi-sommeil, ils refuseront; ils mangent à peine, ils ne couchent qu'une fois par

semaine, et encore! dans un lit, un lit à vingt centimes la nuit, qu'importe, pourvu qu'ils puissent boire, s'enivrer.

Enivrez-vous! ils suivent le conseil du poète. « Enivrez-vous! » s'écrie Baudelaire. « Il faut être toujours ivre. Tout est là : c'est l'unique question. Pour ne pas sentir l'horrible fardeau du Temps qui brise vos épaules et vous penche vers la terre, il faut vous enivrer sans trêve.

« Mais de quoi? De vin? de poésie ou de vertu, à votre guise, mais enivrez-vous.

« Et si quelquefois, sur les marches d'un palais, sur l'herbe verte d'un fossé, dans la solitude morne de votre chambre, vous vous réveillez, l'ivresse déjà diminuée ou disparue, demandez au vent, à la vague, à l'étoile, à l'oiseau, à l'horloge, à tout ce qui fuit, à tout ce qui gémit, à tout ce qui roule, à tout ce qui chante, à tout ce qui parle, demandez quelle heure il est; et le vent, la vague, l'étoile, l'oiseau, l'horloge vous répondront : « Il « est l'heure de s'enivrer! » Pour n'être pas les esclaves martyrisés du Temps, enivrez-vous, enivrez-vous sans cesse! De vin, de poésie ou de vertu, à votre guise. »

Ne les plaignons pas, les hommes et les femmes qui hantent les bouges, les innombrables bouges de la ville; ils connaissent la joie suprême, la joie divine de s'enivrer, la sublime ivresse de vivre hors de l'espace et du moment, dans les domaines du rêve, sur les ailes de leur chimère. Ils ne font point de mal, ils sont inoffensifs, tant que dure leur extase; mais malheur à ceux qui se mêlent de les rappeler à la réalité; alors, ils voient rouge et ils tuent: ne les

voilà-t-il pas en état de légitime défense?

De l'ombre douteuse d'un de ces bouchons où fraternisent les lutteurs et les prostituées, les camelots et les filles à soldats, les poètes déchus de leur idéal et leurs vénales muses, quelque magicien fera peut-être un jour, comme Siméon de Samarie des tavernes de Tyr, surgir une nouvelle Hélène, — « Elle était la maîtresse des voleurs. Elle buvait avec eux pendant les nuits, et elle cachait les assassins dans la vermine de son lit tiède. » — une nouvelle Hélène, pour redonner aux hommes le sentiment, perdu, hélas! de la Beauté...

Car la Beauté est immortelle; elle est partout pour qui sait la ressentir; elle passait nue, visible à tous, sous l'azur immaculé du ciel grec; elle hantait le ghetto d'Amsterdam; elle habitait les bateaux de fleurs et les maisons vertes d'où l'on voit le cône neigeux du Fushiyama; elle a vécu à Rome et à Anvers, à Venise et à Madrid, en Égypte et au Mexique; jusque dans les ténèbres de la préhistoire on peut suivre sa trace... Mais, de plus en plus, elle se voile de mystère, et depuis des séries d'années, il semble que l'on soit en droit de la croire disparue. Il suffit du coup de baguette d'un parfait magicien pour qu'elle renaisse, comme jadis de l'écume méditerranéenne, plus éblouissante...

Il est de misérables boutiques, de pitoyables baraques, habillées d'oripeaux sordides, faites de vieux rideaux, de tapis troués, de disparates lambeaux de toiles peintes, bâties avec des laissés-pour-compte de démolitions; de tristes cahutes qui sentent la chambre d'hôtel garni à trente centimes la nuit dans les quartiers de misère et de crime, la Butte-aux-Cailles ou la Place Maubert de naguère.

Elles s'élèvent dans les coins abandonnés de la foire, elles se dissimulent, comme honteuses, derrière les longs wagons des ménageries.

De vieilles femmes en gardent le seuil; elles ont l'air de laveuses de vaisselle et de proxénètes. Que vendent-elles sous ces petites tentes dont l'auvent est à peine relevé? On aperçoit un étalage de sucreries fanées dans des bocaux grisâtres, de biscuits grignotés par une tribu de souris dans des paniers recouverts de gaze rose, « rapport aux chiures de mouches », de boissons multicolores dans des litres clos par un bouchon de papier frisé, à la manière de ces parures dont on agrémente l'os des côtelettes, chez les petits bourgeois, « quand on a du monde », de jouets disparates et disloqués, à un sou au choix, et de ces miroirs ronds dans une enveloppe de zinc « pour la barbe » des militaires et des paysans, et de mille choses menues et décolorées, soldes de bazars faillis et de merceries provinciales. O les jarretières roses et bleues sur des cartons glacés à cadre d'or, ô les réticules de peluche rouge à fermoir d'argent garanti, ô les vide-poche de métal estampé avec les portraits du Tsar et de M. Faure en vraie chromolithographie, ô les petits pots de chambre de plâtre, avec une crotte au fond et un ruban à l'anse, « pour se les pendre au bouton de la jaquette! »

Qu'exhibent-elles, les autres, à l'intérieur de ces réduits dont elles gardent l'entrée, assises bas dans les plis amples de leurs jupes, la tête et les épaules enveloppées de châles, dès que le thermomètre, même au cœur de l'été, s'abaisse d'un degré? Qu'exhibent-elles? on se le demande; de loin, sans oser approcher, car, à peine vous ont-elles aperçu qu'elles se lèvent, s'avancent vers vous, vous harponnent de leurs maigres doigts, vantant la supériorité de leur marchandise... Quelle marchandise! Il faut se résigner à l'ignorer toujours, à moins de se sentir le courage de les suivre, de pénétrer dans l'obscure et silencieuse cabane. Au surplus, elles ne vous font point violence, elles murmurent des boniments que l'on n'entend pas, tant leur voix est discrète et timide, comme si elles vous proposaient un honteux marché; elles savent d'avance, dirait-on, que tout leur zèle sera vain, et l'on finit par leur échapper au prix de quelque menue pièce qu'elles empochent en levant les yeux au ciel et en appelant sur vous et sur les vôtres, jusqu'à la quatrième génération, la bienveillance du dieu des armées.

Dès la nuit venue, d'ailleurs, elles ferment boutique, et l'on peut les voir, le dos rond, chargées d'un cabas où elles serrent les reliefs de leur déjeuner et la maigre recette de leur journée de travail, qui regagnent leur domicile, au fond de quelque lointain faubourg. Entreront-elles, avant l'ascension des cinq étages de leur chambrette, à l'église ou au cabaret? Il faudrait les suivre pour le savoir, car elles ont à la fois l'apparence des vieilles dévotes, des servantes de curés confites en sainteté et de ces solides pochardes à qui un nombre respectable de galopins ne fait pas peur. Elles ressemblent

aussi à ces douairières véreuses du marché des pieds humides, derrière les grilles de la Bourse, à ces marchandes à la toilette qui ont leur officine près des bureaux du Mont-de-Piété dans les quartiers pauvres, et l'on ne sait, quand on les croise par les rues, vous dévisageant de leurs yeux vifs, un sourire figé sur leurs faces incolores, si c'est l'aumône qu'elles demandent, des prières qu'elles marmottent ou des propositions obscènes qu'elles formulent, par bribes, avec des airs résignés et douloureux...

A Saint-Cloud, par une fin de journée pluvieuse, sous les grands arbres déjà tachés de rouille par l'automne hâtif, dans une allée déserte, un manège minuscule de chevaux de bois, de vrais chevaux de bois, en bois, à la vieille mode, un manège pour enfants dont les « plus nobles conquêtes » qui le composent ont le ventre armé de marchepieds et d'étriers et le cou transpercé de manettes pour les petons et les menottes des bambins, un manège qui n'a pas dû changer de place depuis les jours où le Prince Impérial jouait au chat perché sur les pelouses du Trocadéro.

Adieu, tout ce-e que-e j'aime,
Adieu-eu, mon-on bien-en su-uprême!
Adieu-eu, la-a mo-ort même
Ne-e peut-eu nous-ous dé-é-su-unir!

L'orgue se lamente ainsi, mû par un petit vieillard propret qui tourne sa manivelle avec sentiment, ralentit où il faut, lève ses regards mélancoliques vers le toit pointu de l'édifice; il joue avec tout son cœur. Non pour attirer la clientèle — le parc est vide et la pluie se remet à tomber, — mais pour lui-même, pour sa propre satisfaction. Et vingt fois de suite, il recommence le même air, qui, dans le silence du lieu, vibre loin, prolonge indéfiniment sa plainte. Il me poursuit, là-haut, dans les jardins où se promenait le petit prince, près du bassin où il aimait voir voguer les bateaux qui « vont sur l'eau », près du kiosque, tout pareil à ce qu'il était alors, où il enfermait ses jouets et venait goûter avec ses camarades. C'était le lieu de ses plaisirs et de ses rêves. Je l'imagine, appuyé là, le soir, au balcon de cette terrasse d'où l'on domine Paris, s'amusant aux lumières allumées partout sous le voile de brume qui toujours paraît, de loin, couvrir la Ville, je l'imagine là, songeant à l'avenir, dans la paix du crépuscule...

Adieu, tout ce-e que-e j'aime,
Adieu-eu, mon-on bien-en su-uprême...

Le petit vieillard des chevaux de bois se grise de tristesse, mâchonne incessamment le sucre d'orge de ses regrets. Ah! que ne se met-il à jouer — l'air fait sûrement partie du répertoire de son instrument — « Nous n'irons plus au bois, les lauriers sont coupés!... »

A Saint-Cloud encore, un matin, tandis que dort la fête, toutes baraques closes, un gazouillis rythmé de voix enfantines, de jolies voix fraîches, monte sous les arbres : A, B, C, D, E, F, G... B, A, BA; B, E, BE; B, I, BI; B, O, BO; B, U, BU; une cliquette scande l'épèlement. C'est la roulotte de l'École foraine, la maternelle ambulante, où les enfants des forains peuvent, au lieu d'errer tout le jour par les rues, exposés à la contagion malsaine des faubourgs, trouver un abri, apprendre à lire, à écrire, à compter, respirer tout au moins une atmosphère morale.

Ils sont là une douzaine, garçons et

fillettes que j'aperçois par les fenêtres ouvertes de la voiture au plafond bas : petit troupeau d'humanité miséreuse, faces lymphatiques, visages de chlorose que guette la phtisie, fines frimousses aux yeux éveillés et fripons, types d'enfants du peuple que l'on sent déjà débrouillards et roublards. Le milieu où ils vivent les a façonnés à son image; ils savent mille tours d'habileté et de force, ils sont gouailleurs et chapardeurs, ne prennent rien au sérieux, ne conçoivent le travail que sous la forme d'un amusement. La classe finie, c'est eux que nous verrons musarder entre les roues des roulottes, se glisser, par les interstices des cloisons de toile, dans le préau des ménageries, jouer aux lutteurs ou aux acrobates, être partout à la fois pendant les parades et pendant les représentations, familiers avec tout le monde, batailleurs et indociles, n'aimant faire que ce qui leur plaît; c'est eux, cette marmaille pittoresque et picaresque, qui seront la joie des fêtes foraines, dans vingt ans; celui-ci a en lui l'étoffe d'un acrobate, celui-là d'un avaleur de sabres; à la façon dont celui-ci brutalise ses camarades, leur impose sa volonté, on peut lui prédire le plus brillant avenir de barnum; et cet autre sait déjà les déhanchements, les grimaces des pitres, qui provoquent les éclats de rire de la foule.

Les fillettes, gamines de six ou sept ans, ressemblent à des petites femmes; elles coquettent et minaudent, ébauchent des danses, connaissent l'art du sourire qui s'offre et du regard qui appelle. J'en voyais deux, au sortir de la classe, qui, au lieu de rejoindre la familiale roulotte, s'égaraient, en compagnie de leurs petits amoureux, le clown et le dompteur de demain, sous les hautes allées du parc. Ils allaient, se tenant par la taille, couples unis de gosses mimant les gestes de l'amour. Puis, tout à coup, ils se séparèrent et se mirent, tous quatre, dans un bosquet écarté, à danser : une figure de chahut, dégingandée et folle, un quadrille incohérent et forcené qui s'achevait en une bataille générale, les deux fillettes s'arrachant le chignon, se griffant le visage, les deux gamins se sautant à la gorge avec des cris d'apache.

Coups de pieds, coups de poings, gifles, yeux pochés, dents saignantes, c'est la fin de toutes les promenades sentimentales à tous les âges et sous toutes les latitudes...

Ils font, ces mômes, ce qu'ont fait, ce que font leurs parents, ce que feront leurs enfants à eux, si l'on fait encore des enfants quand ils seront capables d'en faire; toutes les tares du milieu où ils sont nés, ils les portent en eux, héréditairement, et ce n'est pas plus l'exemple qui leur est donné que l'éducation qu'ils reçoivent qui les en libérera. Ainsi la misère morale et physique, l'instinct du mal, toutes les dégénérescences, se perpétuent irrémédiablement; ne dirait-on pas une nécessité, atroce et cruelle, de la vie, une espèce de loi de fer qui frappe en aveugle, sans pitié, sans rémission et contre laquelle toutes les énergies conscientes de la volonté et de la pensée seraient impuissantes à réagir...

O les voix d'enfants naïves et fraîches, que l'on entend, si monotones et comme si lasses déjà, épeler les syllabes du langage humain, par les fenêtres ouvertes des écoles maternelles, dans la lumière du renouveau! Qu'elles résonnent lugubrement aux oreilles de qui croit en l'inéluctabilité du sort et possède, au prix de quelles amertumes et de quels déboires, la triste expérience de vivre...

Les somnambules et les tireuses de cartes, les magiciennes et les diseuses de bonne aventure ne hantent plus les fêtes foraines de Paris; sans doute, en une époque de matérialisme comme la nôtre, ne faisaient-elles plus leurs frais; on est devenu sceptique, on ne croit plus à rien, monsieur, le pneu du mystère est définitivement crevé; il ne boira plus l'obstacle. Dommage, vrai! J'aimais ces temples ambulants du destin, ces roulottes où les devineresses recevaient l'hommage des curiosités confiantes et angoissées, ces maisons de bois au fond desquelles, parfois, on les apercevait, assises devant un guéridon, tricotant des bas ou brodant des pantoufles (deux pipes en sautoir parmi des fleurs nouées d'un ruban), dans un décor de courtepointe et de dessus de sièges au crochet, de descente de lit en rognures de drap de toutes les couleurs, de chromolithographies sentimentales et de portraits de famille photographiques dans des cadres de laiton estampé; j'aimais le boniment de l'appariteur en jupons, qui, au bas du petit escalier permettant l'accès du sanctuaire, raccrochait la clientèle. Elle posait sur votre bras de graisseuses mains de maritorne et disait l'extra-lucidité de Mme Lebreton, qui avait prédit à Gambetta sa fin tragique et au général Boulanger ses triomphes, qui était l'oracle ordinaire de la Reine d'Angleterre, du Roi d'Italie et du Tsar de toutes les Russies et qui faisait le marc de café comme à Delphes... Elle disait bien d'autres choses encore, et, quand on cédait à ses instances, frappait sur une vieille casserole pour vous annoncer, puis refermait discrètement derrière vous les portes du temple.

On y pénétrait avec inquiétude, mais les airs maman-gâteau, vieille-tante-à-sucreries, de la sibylle vous rassuraient bientôt; de reste même. Vraiment, on l'eût souhaitée d'aspect plus redoutable, comme il convient à une personne qui *voit* ce que renferme l'urne profonde à double ou triple fond, oh! si profonde, du Destin. N'importe; les menaces de l'homme brun (type Pranzini), l'entrée en scène de la femme blonde « qui vous veut du bien » (descendante directe des bonnes fées de la Mère l'Oie), l'arrivée prochaine de la lettre tant attendue, et de laquelle dépend le succès de vos entreprises, l'immixtion funèbre dans la réunion de ces heureux présages du trois fois maudit as de pique, tout cela, cette lutte acharnée entre l'amour, l'argent et la mort, transformait le plateau de la petite table en un champ de bataille où l'on se voyait tour à tour vainqueur et vaincu, où, en l'espace de quelques minutes, on goûtait toutes les ivresses des plus éclatants triomphes et toutes les humiliations, tout le supplice des pires défaites.

L'atmosphère, sous le toit bombé de la roulotte, s'épaississait : vagues odeurs de punaise et de tabac à priser dominées par les effluves huileux des rideaux d'andrinople dont la lueur rouge — après avoir, le grand jeu célébré, franchi le seuil du sanctuaire, — obsédait longuement la rétine, vous faisant voir la vie à travers les fumées d'une flamme de Bengale verte.

Où sont les somnambules des foires de jadis?

II

Les banquistes sont les vrais nomades des fêtes foraines. Point ne leur est besoin, pour amuser les gens et pratiquer leur art, des coûteuses installations, des dispendieux matériels sans lesquels leurs concurrents ne réussiraient pas à attirer le public ; il leur suffit de si peu pour plaire et recueillir des applaudissements : une échelle, quelques chaises, des cerceaux, un mouchoir, une barre fixe, un trapèze, un tapis surtout, un matelas au besoin, et l'univers est leur domaine ; ils vont où ils veulent, ils s'arrêtent où leur fantaisie les inspire ; ils portent sans cesse avec eux toute leur fortune. Ils vivent et travaillent au grand air, dans la lumière, ils sont des hommes libres, et des artistes. En faut-il plus pour expliquer le mépris qu'ils professent pour les entrepreneurs de spectacles, les managers de carrousels et de théâtres, véritables industriels, notables commerçants à la tête de puissants capitaux, présidents et administrateurs de sociétés plus ou moins anonymes : le souverain mépris de ceux qui paient de leur personne, qui travaillent de leurs mains... et de leurs pieds et vivent, quand ils y parviennent ! de leur effort personnel, pour ceux qui s'enrichissent du travail des autres.

Des artistes, certes, et pourquoi pas ? Leur art est de force et de grâce, de précision et de souplesse, et l'on n'y supplée point par des subterfuges ni des tricheries, par du cabotinage ni du battage : on ne s'improvise pas équilibriste ou acrobate, jongleur ou gymnaste. Des artistes, sans doute, qui savent la beauté d'un geste, l'esthétique d'un mouvement et qui en jouissent et qui possèdent la science d'en faire jouir les autres, avec une perfection, un sens de la mesure, un instinct de l'harmonie des formes que bien des peintres et des sculpteurs pourraient leur envier.

Rappelez-vous les Sheffers, l'enthousiasme qu'ils suscitèrent durant des années, les jeux miraculeux de force et de grâce qu'ils nous offrirent à contempler. Qui aurait pu demeurer insensible à leur audace enjouée, à leur possession sereine de soi-même, à leur mépris souriant du danger, à la variété et à la sûreté des rythmes selon lesquels se développaient leurs exercices ? De la ponctualité de leurs gestes, de la savante économie de leurs efforts, de leur flexibilité, de leur automatisme élégant et net, ne se dégageait-il pas une haute et vivante impression de beauté plastique, une glorification de l'éternelle force, de la suprême harmonie du corps humain ?

« Aime d'abord la beauté dans les corps », disait Platon qui donnait à la gymnastique, dans l'éducation, une place prépondérante. Au pied des vénérables tours d'Oxford, en sortant de traduire Homère et Sophocle, les *fellows* de Worcester et de Merton College envahissent les pelouses, jouent au golf, au tennis, au cricket, s'entraînent à l'aviron. De Pierre Loti, on raconte qu'il figura un jour, comme numéro de trapèze, dans un cirque du midi de la France, et l'on tient pour historique que Maurice Barrès, lors d'un voyage en Flandre, fit, au sortir d'une conférence sur « les Antinomies de la Pensée et de l'Action », une longue promenade à bicyclette aux côtés de Maurice Maeterlinck. « Il n'y a pas de maître d'armes mélancolique », affirme Fantasio, et je ne crois pas que l'idée du suicide ait jamais hanté la cervelle d'un acrobate. Nos mécontentements, nos angoisses, nos complications intellectuelles et morales, notre inassouvissement perpétuel, ne proviennent-ils de la faiblesse de nos muscles, d'un déséquilibre entre notre volonté et nos moyens d'action? O la joie des membres en belle souplesse, en forte harmonie, la grâce des gestes logiques et sains, la sérénité des organismes dont toutes les parties fonctionnent normalement, ce qui constitue enfin la suprême beauté des antiques, j'en ai eu l'impression, un jour, il y a des années, ailleurs que sous le jour glacé des glyptothèques, ailleurs qu'entre les murs étroits des musées.

L'une de leurs six ou sept heures de répétition quotidienne, — sans parler du travail incessant à tout hasard, avant d'entrer en scène et en en sortant, en mangeant et en dormant, pour ainsi dire, — je la passai avec les Sheffers, dans le grand promenoir du deuxième étage des Folies-Bergère, devenu leur foyer.

Je les revois, en maillot noir, en escarpins de toile blanche, merveilleuses statues animées, d'une incomparable perfection de formes; sveltes, agiles, prodigieusement souples, robustes et adroits, presque l'air frêle : Charlie et Henri, les deux aînés, l'un dix-huit ans, l'autre quatorze ans; Willy, quinze; un élève celui-là, et les quatre derniers des enfants, dont la petite Ketty, une fillette de cinq ans, à peine. Elle répète, elle aussi; elle s'amuse à des culbutes, sur un tapis; elle ressemble à un petit animal fantastique et gracieux; elle marche sur les mains, ses fines jambes en l'air, bien jointes.

— Assez, Ketty, dit Severus Sheffer qui la regarde faire.

Et la voilà blottie dans les bras paternels, toute rieuse et fière.

Les autres continuent leurs exercices; tout en causant avec moi, il les surveille du coin de l'œil.

— Pas fatigué, cher? demande-t-il après chaque passe.

— C'est que c'est une terrible chose, me dit-il, d'une voix uniforme, une terrible, très difficile chose que notre métier. Il faut d'abord être né dedans pour bien le savoir. Voyez Ketty, elle a ça dans le sang, il n'y a pas à dire; eh bien! elle aura du talent; c'est sûr. Nous avons tous débuté tout petits, dans le fameux cirque Renz que dirigeait notre père; oui, tout petits, à trois, quatre ans. A nous seuls, mes deux frères et moi, nous tenions neuf numéros du programme, et il y avait encore Segomer, notre beau-frère, Sitionia notre sœur, une disloquée extraordinaire, et encore notre autre sœur Suzanne l'antipodienne. On est tout le temps tous ensemble, pour s'exercer, comprenez-vous, en famille; on peut compter les uns sur les autres. Mais quel travail! ce qu'il faut travailler, avant d'arriver à un résultat passable!

Et Severus Sheffer disait les incessants efforts de volonté, l'abnégation nécessaire pour arriver à posséder le rythme d'un exercice avec cette sûreté sans laquelle un

acrobate n'est qu'un manœuvre qui risque à chaque minute de se rompre les reins. Et l'on a beau être sûr de ses muscles, l'imprévu vous guette sans cesse; un éclair d'inattention, une secousse nerveuse, un rien — on a changé de maillot, par exemple, on s'est couché, la veille, une heure plus tard — cela suffit de reste, on n'a plus sa souplesse habituelle, on éprouve une espèce d'angoisse, on ne se sent plus soi-même. Puis, il y a le souci perpétuel de se renouveler, de trouver autre chose, la recherche constante du nouveau, la poursuite de l'irréalisable; le public est satisfait, soit, mais on sait qu'il y a plus et mieux à faire, quand on est un artiste consciencieux.

— Tenez, regardez-les.

Sheffer junior est étendu à terre, les jambes en l'air; Henry, Charlie et Willy pyramident; Ketty, s'aidant des pieds et des mains, grimpe jusqu'au sommet de l'édifice, et une fois là-haut, agite un imaginaire drapeau. Un signal, et tout se démolit. En un clin d'œil, Ketty est descendue, enlevée dans les bras vigoureux de Charlie, tandis que Willy, retombé sur les pieds de Sheffer, est comme saisi par eux aux reins, et tourne, tourne, pareil à l'hélice, horizontale, d'un ventilateur. « Un, deux; un, deux. » A chaque fois que le corps lancé retombe, on entend un bruit mou de chair battue, un bruit sec d'os qui craquent. « Un, deux... trois. » Trois. Les voilà tous les deux, debout, pas essoufflés, le sourire aux lèvres, ce sourire qui, devant le public, paraît figé et conventionnel et qui n'est, après tout, que le reflet d'une intime satisfaction, le reflet de la petite joie, où se mêle un peu d'orgueil, qu'éprouve l'écrivain sous la plume de qui une heureuse image vient éclore, le peintre, qui, du bout de son pinceau, vient de poser sur sa toile la note juste, l'exacte valeur par quoi le tableau s'harmonise. Et Severus, instinctivement, crie : « Bravo. » Puis : « A mon tour, dit-il, de répéter. »

Il y a là une pile d'assiettes, des bouteilles de champagne, un boulet de canon, une lampe à pétrole avec son abat-jour, des boulettes de papier de soie. Et il se met à jongler, avec quelle ahurissante précision, avec quelle aisance, miraculeuse vraiment, de gestes! Comme tout est mesuré, combiné, voulu! Et je songe — l'étrange association d'idées! — à l'Hamlet de Jules Laforgue, jonglant avec les sophismes illusoires, avec les abstractions décevantes, avec le cœur, lourd de tendresse, d'Ophélia, et regardant — du haut de sa fenêtre à croisillons de plomb, par delà les toits du château d'Elseneur, — l'univers étendu à ses pieds, tout en tenant en équilibre sur son beau front incompris la chaise du dilettantisme...

Tous les acrobates, tous les jongleurs, tous les équilibristes n'ont pas, hélas! le talent, la virtuosité des Sheffers, pas plus que toutes les danseuses de corde ne sont des Adda Blanche, que tous les clowns ne sont des Footit ou des Little-Titch, que tous les mimes-acrobates ne sont des Hanlon-Lees. Ici, comme ailleurs, comme dans tous les domaines de l'activité humaine, n'y a-t-il pas une hiérarchie, la hiérarchie de l'originalité, au sommet de laquelle trônent les créateurs, ceux qui apportent du nouveau et réalisent en perfection un idéal imprévu, inédit, les inventeurs?

Un clown imaginatif, un parfait mime, un gymnaste audacieux, un jongleur précis, en quoi est-il inférieur au poète, au musicien? Les uns et les autres ils puisent aux mêmes sources et

les mêmes lois régissent leur art ; rythme des couleurs, rythme des mouvements, rythme des formes, rythme des gestes... Mais l'œuvre de ceux-ci, dira-t-on, demeure, tandis que celle de ceux-là est passagère. Eh ! qu'importe, les choses les plus belles et les plus délicieuses ne sont-elles pas les plus fugitives, les palais que bâtit le soleil couchant sur les nuages, le vol des oiseaux aux ailes d'or sur les rives des lacs bleus, l'ingénuité des regards d'enfant, le parfum des fleurs et la pureté des vierges... De l'élancement voluptueux de la danseuse vers la vision de son désir, du passage soudain de l'acrobate lancé en plein ciel d'un trapèze à l'autre, de la grimace savante du clown, des gestes merveilleusement combinés de l'équilibriste et du gymnaste, de ces prodiges d'adresse, de grâce, de force, de légèreté, de souplesse, une incontestable beauté se dégage où les sens raffinés et subtils de l'homme moderne éprouveront autant de joie qu'aux jeux de valeurs, de sons et de mots, harmonisés sur une toile, dans un poème, dans une pièce symphonique. Là où la foule ne voit le plus souvent qu'amusement futile, prétexte à se détendre, une grandeur réside, une ardente et profonde poésie est enclose, auxquelles le prestige de l'éphémère donne une valeur imprévue, prête une séduction nouvelle. Une Loïe Fuller, une Isadora Duncan, un Little Titch aujourd'hui, une Oceana, les Hanlon-Lees hier, par l'originalité et la perfection de

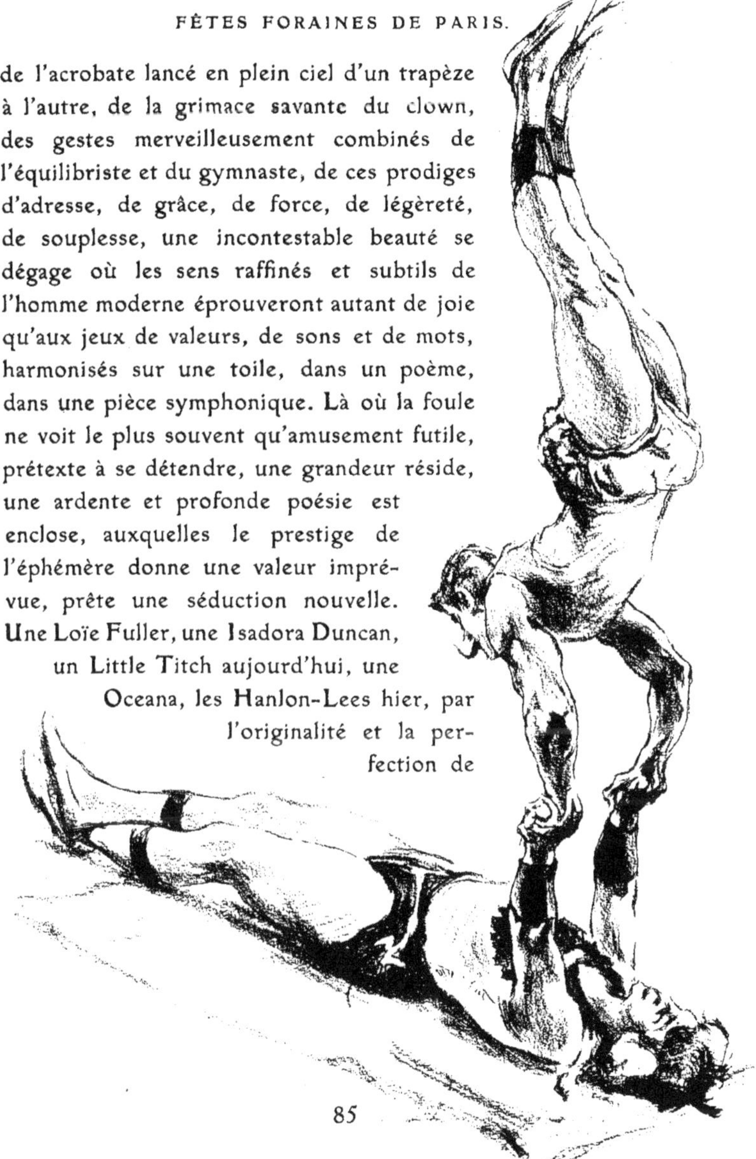

leur « travail », doivent donc être considérés comme de véritables créateurs.

Les Hanlon-Lees ! quels souvenirs évoquent ces syllabes sautillantes et heurtées ! Quels souvenirs ! Je les retrouve tout vivants dans l'étonnante préface que le délicieux lyrique des *Odes funambulesques* et du *Baiser* écrivit pour les Mémoires des deux acrobates recueillis par Richard Lesclide ! Et j'y trouve surtout cette exquise paraphrase de l'art du gymnaste dont je ne puis résister au plaisir de citer l'éloquente et si imprévue, si audacieuse péroraison. « Ressusciter dans l'être humain la bête et le dieu, telle est l'œuvre que poursuit le poète, resté instinctif dans un monde bourré de lieux communs, et dont la pensée plane, ailée et libre, au-dessus des sottises affairées ; elle est aussi l'œuvre que poursuivent le mime et le gymnaste. Mais ce que le poète ne fait que figurativement, à l'aide de ses rythmes envolés et bondissants, le mime, lui, le fait en réalité, au pied de la lettre ; c'est sa propre chair qu'il a affranchie de la maladresse, de la lourdeur péniblement apprises par l'homme social ; il a retrouvé la course effarée du jeune faon, les bonds gracieux du chat, les sauts effrayants du singe, l'élan fulgurant de la panthère, et en même temps cette fraternité avec l'air, avec l'espace, avec la matière invisible, qui fait l'oiseau et qui fait le dieu. Il n'est un étranger ni parmi les légers esprits qui se jouent autour de nous dans la lumière, ni parmi les biches et les gazelles qui boivent le flot glacé des fontaines. Pour être un étranger, il faudrait qu'il entrât dans une assemblée délibérante ou dans une réunion d'actionnaires. Enfin il n'est pas inférieur à un sauvage !...

« Entre l'adjectif *possible* et l'adjectif *impossible* le mime a fait son choix : il a choisi l'adjectif *impossible*. C'est dans l'impossible qu'il habite ; ce qui est impossible, c'est ce qu'il fait. Il se cache où on ne peut pas se cacher, il passe à travers des ouvertures plus petites que son corps, il s'établit sur des supports trop faibles pour supporter son poids; il exécute, sous le regard même qui l'épie, des mouvements absolument invisibles, il se tient en équilibre sur un parapluie, il se blottit, sans être gêné, dans un violon, et surtout, et toujours, il s'enfuit, il s'évade, il s'élance, il s'envole. Et qui le guide? Le souvenir d'avoir été oiseau, le regret de ne plus l'être, la volonté de le redevenir... Oiseau, c'est ton élan qui t'emporte en plein éther, mais là, tu écoutes la marche musicale des astres, et leurs évolutions sonores t'enseignent l'harmonie et la précision; voilà pourquoi tu es à la fois turbulent et ordonné. »

Il n'en est malheureusement pas toujours ainsi dans la pratique, et c'est tant mieux, après tout : la loi du contraste est une loi vitale; il est nécessaire qu'il y ait de mauvais poètes, de mauvais peintres, de mauvais acrobates, comme il y a des bêtes qui rampent et d'autres qui volent. La place est restreinte sur les sommets : ceux-là seuls y peuvent atteindre qui ignorent le vertige de l'infini, et tout là-bas, tout en bas, dans la plaine, au creux des vallées, se traîne le troupeau des médiocrités honnêtes, des bonnes volontés impuissantes, des patiences laborieuses et consciencieuses qui, si longues soient-elles, n'auront jamais, quoi qu'on en dise, aucun rapport avec le génie... Redescendons dans les vallées...

Combien nombreux, cependant, — sans parler de ces écuyères de panneau, de ces clowns sauteurs, de ces dresseurs d'éléphants ou de chats, d'ours blancs ou de phoques, de ces acrobates, de ces danseurs de corde, de ces antipodiens, de ces nègres bon teint ou non, qui gagnent deux ou trois mille francs par mois (Barnum n'offrit-il pas un jour par câble à un nègre qui venait de remporter un prix de violon au Conservatoire de Paris un traitement de 40 000 dollars par an?), sans parler de ces étoiles de première grandeur, qui ne sont d'ailleurs, parfois, bien souvent, que de pitoyables mazettes, — combien nombreux ceux qui savent rehausser leur travail d'un peu d'imprévu et de fantaisie, d'une pointe d'imagination et de caprice. Puis, n'y a-t-il pas une poésie dans leur façon d'atteindre à de si charmants, si délicats effets avec des moyens si simples?

Ils vont à travers les rues, vers les quartiers populaires, en petites troupes, s'arrêtant dans les carrefours, choisissant, pour y séjour-

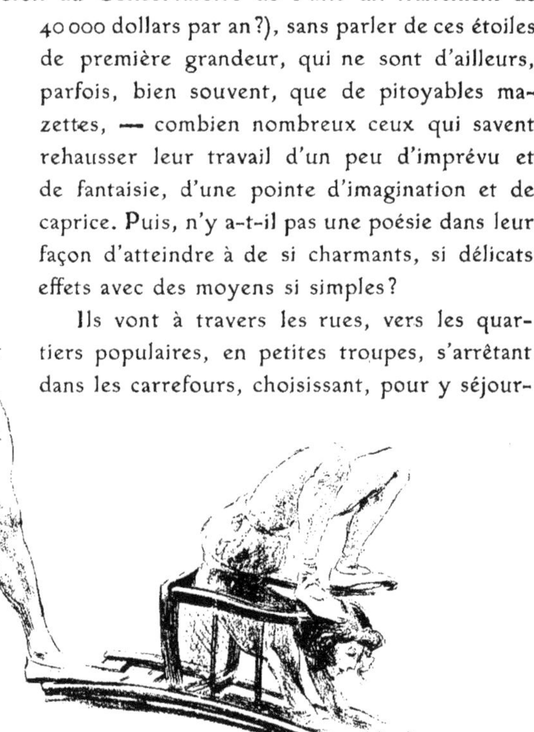

ner une après-midi, une journée selon la saison, quelqu'un de ces rares espaces libres qui s'ouvrent comme une clairière dans la forêt de pierres de la ville, ils suivent la fête foraine dans sa promenade annuelle autour de Paris et dans les banlieues. Ils portent des accoutrements étranges : sous des vestons et des pardessus de cheviote décolorés par le soleil et déformés par les averses, ils laissent voir leurs jambes en maillot; les femmes, elles, s'enveloppent dans de vieux et pisseux waterproofs; les enfants en bas âge sont entassés sur une charrette à bras, parmi les tapis, les coussins, les montants de la barre fixe et du portique, la grosse caisse, les ustensiles de cuisine. Rien de plus pittoresque.

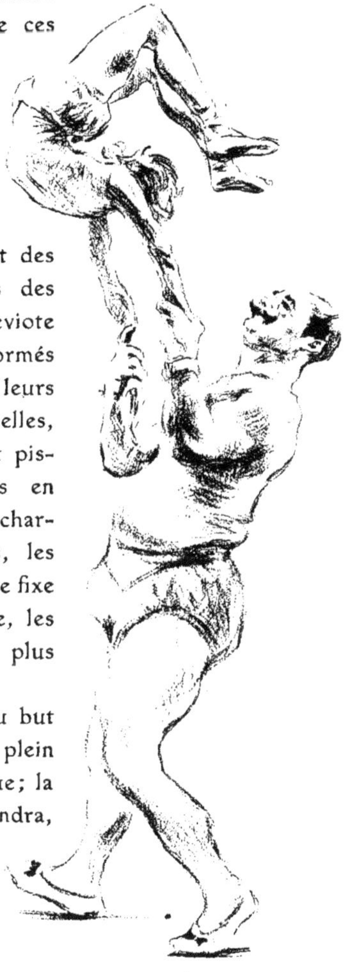

Les voici enfin parvenus au but de leur course. On déjeune en plein air, sous les arbres d'une avenue; la journée est brûlante, on attendra, pour se mettre au travail, la fin de l'après-midi. Déjà les gamins s'attroupent, musardent avant l'heure de la communale. Et les banquistes se reposent; il faudra bientôt planter les pieux qui définiront le champ d'exercice, installer les trapèzes; on retrouve des figures de connaissance, on va faire de la propagande chez les bistros des environs, on amorce la clientèle. Elle sera nombreuse ce soir, à faire cercle autour de la piste, en triples rangs de visages épanouis, où les bouches béent, où les yeux écarquillés brillent de plaisir et s'épouvantent aussi, naïvement, aux tours périlleux des acrobates et des gymnastes...

La petite danseuse de corde que nous vîmes un jour à la barrière du Trône, Chahine, vous en souvenez-vous! Était-elle assez jolie, avec ses jambes garçonnières, nerveuses et fines, ses bras grêles, et, couronnant ce corps qui rappelait un peu celui de la fillette que sa mère conduit au supplice de la pose, dans la planche de Rops : « Ma fille, Monsieur Cabanel... », couronnant ce corps gracile, d'une indécision sexuelle si curieuse, une tête de vierge de Cologne — des yeux en amande, divinement rayonnants de douceur, une bouche tout juste grosse comme un pétale de marguerite dans l'ovale parfait d'un visage presque trop régulier, — oui, une tête de madone allemande exilée des jardins aux tonnelles fleuries où les jets d'eau font éternellement entendre leur cristalline mélodie, tandis que des anges joufflus dans des champs de fleurs harpent et flûtent, chantent des cantiques, jouent avec des animaux familiers.

Vous rappelez-vous la gaucherie de sa démarche, tandis qu'elle faisait, sa sébile en main, le tour de l'assistance, et l'impression si exquise, délicieuse de légèreté, d'aérienne grâce qu'elle

donnait, se balançant, courant à petits pas sur la corde tendue. On eût cru qu'elle volait; une harmonie miraculeuse réglait ses gestes, donnait à ses mouvements un rythme, une cadence ample et souple qui enchantait le regard. Ainsi, dans le chemin de lumière rose que creusait le ciel crépusculaire entre les murailles des hauts immeubles bordant la rue, elle semblait, le fil d'acier devenu invisible qui la supportait dans le vide, un de ces êtres surnaturels dont sont peuplés nos songes d'enfance; elle était, avec ses bras ouverts comme deux ailes, pareille à un oiseau féerique. Qu'est-elle devenue? l'avez-vous rencontrée, depuis ce soir de mélancolie et de beauté? Pour moi, je ne l'ai plus jamais revue... Un des X qui servent à tendre le fil d'acier s'est peut-être abattu un jour. La voilà à terre, le crâne ouvert, les jambes brisées, paquet de loques sanglantes qu'on emporte à la pharmacie voisine et, de là, dans une voiture des ambulances urbaines — oh! ces fiacres de souffrance aux stores blancs toujours baissés que l'on voit passer à travers le bruit de la vie, par la ville fiévreuse! — à l'hospitalière maison de l'agonie et de la mort.

Chère petite danseuse de corde, nous seuls t'avons aimée et fêtée de nos regards comme tu valais de l'être. Tu fus pour nous le bienfaisant génie d'un crépuscule rose parmi les grossièretés et les laideurs de la fête brutale. Sous les tonnelles fleuries des jardins du ciel, les angelots joufflus peuvent te prendre pour une authentique madone échappée des panneaux de Lochner ou de maître Wilhelm; nous, nous avons, dans le cercueil de notre mémoire, embaumé ton précieux souvenir, et tu restes tout près de notre cœur.

D'autres pourront nous amuser, ils ne nous donneront jamais l'émotion que tu nous donnas.

D'autres... ces éphèbes qui sur le trapèze ou la barre fixe exécutent leurs périlleux tours; ceux qui font le tour des pistes en portant sur leur mâchoire inférieure un haut échafaudage de chaises, ceux qui jouent avec un chien ou un chat comme avec une balle de caoutchouc; et les hommes disloqués dont les gesticulations ont quelque chose de si anormal que l'on ne peut les regarder sans songer au tassement des fœtus dans leurs bocaux; et ces grosses filles en

maillot rouge qui ont des cuisses de lutteurs, soulèvent des poids et font, sur le tapis, mille choses ridicules auxquelles la foule applaudit si volontiers.

D'autres encore, ces portefaix, en maillot blanc, au visage et aux mains frottés de plâtre, les cheveux serrés par un casque de caoutchouc, qui miment les chefs-d'œuvre de la statuaire antique — ô les lugubres discoboles, ô les minables gladiateurs ! — ou ces camelots en habits militaires de toile dorée, qui mettent en tableaux vivants ceux, qui sont si loin d'en avoir l'air, de MM. Detaille et Dujardin-Beaumetz et les poèmes revanchards de M. Déroulède ; ou ces contorsionnistes des deux sexes, voire du troisième, qui se roulent en boules, se plient en quatre, font saillir à la fois leur poitrine et leur postérieur, se prennent la tête avec les pieds, exécutent mille poses phénoménales et obscènes; et toute la tribu des acrobates de tapis, de barre fixe, de voltige, qui après chaque exercice gratifient la foule d'un baiser; sans omettre ceux qui, couchés à terre, les reins collés contre un butoir de bois rembourré, demeurent des quarts d'heure, les jambes en l'air, à faire tournoyer des lampes allumées, des haltères, des chaises ou des enfants...

Qu'ils me paraissent pitoyables, malgré leur air satisfait! qu'ils me paraissent malheureux! que de peine ils se donnent pour essayer de nous faire plaisir! Oh! n'est-ce pas dommage de constater qu'ils y réussissent si rarement?...

Comme les nourrices et les gens de maison, comme les cabotins leurs frères supérieurs — supérieurs, oh combien peu! — les banquistes ont leurs bureaux de placement. On y respire les mêmes odeurs — à l'exception, cependant, de celles du lait aigre et des langes souillés — de graillon, de crasse et de fard, dominées par ces exhalaisons caractéristiques de la misère et du découragement. Et c'est le même décor d'entresol au plafond qu'on touche de la tête, prenant air et jour sur les murs noirs d'une cour de cité ou les vitrages d'un passage, et c'est, à peu de différence près, les mêmes types d'humanité humble et passive, les mêmes pauvres êtres résignés à tout, qui attendent tout du maître qui les choisira ; leur pitance du soir même ou du lendemain ne dépend-elle pas de l'agrément d'un autre, d'un autre à qui leur tête plaira ou déplaira, et qui, d'un coup d'œil, après avoir examiné les certificats graisseux, les coupures de presse cent fois dépliées et repliées, témoignant de leur capacité... culinaire ou artistique, suppute la somme de travail, de docilité dont ils sont capables, rabat sur le prix demandé, déprécie, pour l'obtenir à meilleur compte, la marchandise, enfin, le plus souvent, satisfait d'avoir fait miroiter à leurs regards toutes les étoiles du salut, déclare que « dans ces conditions, il n'y a rien à faire » et qu'il faut, quand on veut vivre, « ne pas se montrer aussi exigeant ».

Imaginez les dialogues qui s'engagent entre les directeurs de ces agences louches et leur clientèle, les saltimbanques, les gymnastes, les acrobates, etc., d'une part, les propriétaires de cirques, les managers de ménageries, les entrepreneurs de toute sorte de spectacles, d'autre part; imaginez l'âpreté, la cruauté de ces discussions, de ces marchandages ; imaginez-en aussi le comique lugubre, la profonde ironie.

Ah ! les pauvres hommes-serpents, les minables écuyères, les pitoyables clowns en rupture de piste, mal à l'aise dans leurs vêtements de ville, en civil, quoi ! aussi reconnaissables que des officiers ou des prêtres qui ont dépouillé l'uniforme !

Eux aussi, ils rêvèrent — tout comme les élèves du Conservatoire rêvent de la Comédie-Française et de l'Opéra et ceux de l'École des Beaux-Arts de l'Institut ! — eux aussi ils rêvèrent les gros engagements sur la scène flamboyante des Alhambras, des Folies-Bergère, des Variétés de Hambourg ou de Vienne, de Londres ou de Berlin, les tournées triomphales préparées à l'avance par les barnums de haute volée, des amours, à la fois clandestines et scandaleuses avec des archiduchesses dévoyées... et les portraits qui, dans des passe-partout de velours grenat encadrés d'or, arrêtent les passants à l'entrée des music-halls et des hippodromes, et les colossales affiches placardées sur les murs des petites villes où l'on peut les voir encore, des années plus tard, perpétuant le souvenir des gloires abolies ; ils rêvèrent tout cela, cette vie somptueuse et folle, et les voilà, sous le plafond bas de ce bureau de placement, à discuter avec un intermédiaire rapace les termes d'un contrat à trois ou cinq francs par jour, eux qui auraient pu être, si seulement la chance les avait tant soit peu favorisés, les Sarah Bernhardt du panneau, les Mounet-Sully du trapèze, les Duse du fil de fer, les Novelli de la barre fixe. Ils vont, au lieu de cela, redescendre à la roulotte foraine, d'où ils sont sortis pour la plupart; ils vont promener,

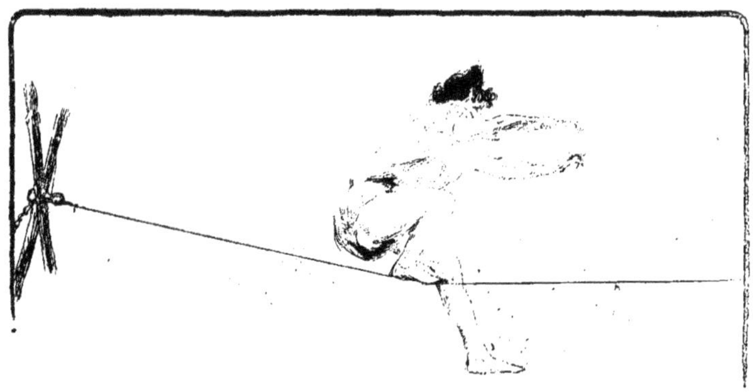

non plus leurs ambitions, mais leurs déboires et l'amertume de leur défaite, sur les routes poussiéreuses, aux confins des petites communes, dont l'approche même, à moins de cinq cents mètres, disent les affiches municipales, comme à des vagabonds, leur est interdite. Misère et honte! Irrémédiable déchéance!

Mais eux encore, hors de leur profession, s'ils ne parviennent pas à l'exercer honorablement sinon brillamment, demeurent bons à quelque chose; qu'ils se fassent, au pis aller, hommes de peine, ils ont supporté de plus dures fatigues, et ils resteront quand même, relativement, des hommes libres.

La destinée la plus atroce, le châtiment le plus cruel, — en expiation de quelles fautes, d'ailleurs? — et dont le poète qui aurait assez de courage et de génie pour descendre dans l'Enfer de la vie moderne n'oserait peut-être pas tenter la description, c'est l'existence de ces « phénomènes », traînés de foire en foire par un barnum, liés avec leurs exploiteurs par des traités en bonne et due forme!

Un fait divers qui fit, il y a quelque temps, le tour de la

presse, — *la Fin de l'Homme-Momie* — nous apportait, sur ce sujet poignant, de poignantes révélations.

« M. Dominique Castagna, né à Pologny près de Mâcon, le 26 avril 1869, — disaient les journaux, — s'est tué hier, à Liège.

« Ce nom ne dit rien certainement au lecteur, et pourtant, nous avons tous vu Castagna à Montmartre, à la Bastille, aux fêtes de Saint-Cloud, de Neuilly et du Trône... Castagna, c'était « l'Homme-Momie », qui mesurait 1 mètre 40 et pesait 27 kilos, un squelette véritable, un spectre hallucinant !

« Sur le champ de foire de Liège, il exhibait son corps décharné dans un établissement, ces jours derniers. Et la foule, pour le voir, envahissait la baraque.

« Il se disputa cependant avec son barnum et demanda la résiliation de son engagement.

« Quelques heures après, le barnum se présenta, accompagné d'un huissier, chez Castagna « l'Homme-Momie »; il l'invitait à remonter sur le tréteau pour « travailler ». Le phénomène refusa. Constat de l'huissier. Le barnum s'en alla.

« Une demi-heure après, le squelette se logeait une balle dans la tête.

« Sur sa table, la police trouva une lettre où le malheureux donnait les raisons de son suicide; elle vaut vraiment d'être citée; elle ouvre sur les souffrances quotidiennes du pauvre être un si émouvant aperçu :

« La vie m'est odieuse. Je n'y ai rencontré que des lâchetés. La dernière a mis le comble à la mesure... Je me trouve, à l'entrée de l'hiver, sans famille, sans foyer, sans ressource. Je suis dégoûté de tant d'ignominie, moi qui aimais tout ce qui est beau, noble et bon. Je ne regrette que mes deux sœurs qui m'aimaient tant. Ma dernière pensée sera pour elles et pour mon frère.

« Hier, j'ai travaillé de midi 15 minutes jusqu'à 11 h. 30, sans m'arrêter pour manger, et on a trouvé que j'étais un fainéant, que je n'avais pas assez travaillé.

« J'ai perdu mes économies, et je préfère perdre la vie que de vivre dans la misère.

« Je voudrais que mon corps soit livré à M. le Dr Raymond, de la Salpêtrière de Paris, ou à M. le Dr Grasset, de Montpellier, afin que je puisse encore servir à la science.

« Le néant est au moins le repos. »

Signé : D. Castagna,

« Homme-Momie, vivant. »

Mélange de mauvaise littérature et de sentimentalité sincère; appétit d'héroïsme et de dévouement, conscience de l'inéluctabilité du destin, misère du travail forcé — et quel travail! — sans l'ombre d'une joie, sans un soupçon de satisfaction morale, il y a de tout cela dans le chant du cygne de l'Homme-Momie et jusqu'à ce souci, qui est comme le dernier trait du cabotinage instinctif, jusqu'à ce souci touchant de léguer sa carcasse aux investigations des médecins « pour servir encore à la science »! Pauvre cœur ulcéré, pauvre sensibilité humaine toute saignante sous les regards indifférents des milliers de curieux qui, tout le jour, passent devant le paquet de chair fripée, desséchée, collée au squelette qu'elle revêt, pauvre âme sacrifiée, éprise peut-être d'idéal et de beauté, je vois en toi le symbole de toute une humanité méconnue et avilie par les cruautés de la vie...

Aux confins de la fête, dans un enclos de palissades éventrées, de masures vermineuses, de hangars pourris, un cirque, un pauvre cirque est installé.

C'est une tente en loques amarrée parmi les gravats, près d'une lamentable roulotte, dont l'auvent est fait d'un vieux tapis d'Orient déchiré. Autour sont attachées les bêtes : un antédiluvien cheval de panneau, du blanc pisseux des bidets bons pour l'équarrissage, avec des jambes boursouflées de molettes et d'éparvins, et des salières au-dessus de ses yeux morts, où loger un boulet de canon; un âne à poils longs qui vacille sur ses quatre allumettes de pattes pour tondre l'herbe poussée entre les tessons et

fouette désespérément de sa queue ses flancs rongés de vermine; un affreux singe qui passe son temps à presser le pus des plaies dont les coups de cravache ont labouré son museau; des chiens.

Une femme, assise sur un seau renversé, raccommode des hardes éclatantes et sordides, un maillot bleu de ciel, un habit de clown jonquille; une fillette dort, le derrière à l'air, entre les roues de la roulotte. A travers la brèche des palissades, se découpe un désolé paysage de banlieue, la misère des terrains vagues que borne la fuite à l'horizon d'une avenue plantée de tristes arbres avec, par places, le cube isolé d'une maison en construction.

Le Cirque Français est peu nomade; voici trois mois qu'il a élu, dans cet enclos, domicile. Les artistes, le père, les deux fils, la fille aînée travaillent ailleurs, le jour, dans les usines du voisinage ou bricolent à droite et à gauche, bons à tous les métiers ou à peu près; ce sont des gaillards à l'œil et qui n'ont point de poils au creux des mains; quelques camarades, le samedi et le dimanche soir, se joignent à eux, font les frais de la représentation dont on partage équitablement la recette. Ils sont connus dans le quartier, on aime leurs farces grossières, leurs reparties, leurs tours de force dont ils savent si bien, en cas de ratage, se tirer par un bon mot, aux applaudissements redoublés de la salle entière. Des professionnels, en chômage, rehaussent parfois, d'un numéro sensationnel, l'éclat de la représentation.

Elle va commencer; les quinquets s'allument, la musique pétarade. Un gros homme, tout rond, à la face écarlate, s'essouffle dans le bec d'un hargneux ophicléide; ses lèvres sont de parchemin carbonisé; c'est lui qui tout à l'heure mangera du feu.

Le piston halète, rachitique, la respiration courte, le coup de langue maladroit.

Le tambour a un air futé, de petits yeux polissons dans un visage boursouflé; il bat de la caisse avec un art consommé, tout

en coulant vers la poitrine débordante de la Femme-Torpille, — en représentation extraordinaire, ce soir-là, — des regards langoureux, auxquels, d'ailleurs, elle demeure parfaitement insensible. Ses bras nus, du rose des crevettes décomposées, qu'agrémente un savant tatouage, se chauffent aux aisselles d'une longue toison roussâtre, et la frange d'or de son pagne bleu de ciel miroite sur les rondeurs de ses cuisses énormes.

La troupe entière est sous les armes. Le père et le fils aîné portent le maillot chair des gymnastes, le fils cadet est costumé en clown de lustrine couleur cocu et fait le boniment; quant à la demoiselle de la maison, seize ans à peine, c'est une délicieuse gigolette aux mirettes noires et aux cheveux blonds qui porte à ravir une robe courte de danseuse anglaise à mille plis, dont le décolletage laisse voir les deux fleurs en train de s'épanouir de sa gorge fraîche. Elle est toute grâce et toute sourire, elle est, avec ses gestes souples, avec l'élégance fine de son corps, les façons minaudières qu'elle a de se tenir, de se cambrer, de s'ébrouer, de coqueter et de caqueter, avec son assurance de jolie fille, elle est, dans ce milieu vulgaire, une forme d'art, une chose précieuse et rare. Elle connaît déjà sa puissance de séduction, elle sait les gestes qui allument dans le regard des hommes la flamme du désir, et quand, rejetée en arrière, elle achève sa danse, les dessous hauts laissant deviner la rondeur de son ventre, on dirait qu'elle s'offre, qu'elle se donne à tous.

— Plus haut, plus haut! crient les uns.

— Encore! crient les autres.

Mais déjà elle a disparu; le vieux rideau qui ferme l'entrée du cirque s'est abaissé derrière elle.

— On commence, prenez vos places! on commence!

Nul n'hésite plus : chacun y va de ses vingt-cinq centimes; tous veulent revoir l'affolante gamine, tous aspirent à être celui

par qui, en quelque chambre d'hôtel borgne, un soir d'ivresse, elle se laissera dévêtir et posséder; qui cueillera, dans une farouche et trop hâtive étreinte, la fleur de sa virginité. L'adorable môme! Ah! l'on comprend que les gars à casquette et à foulard rouge qui errent la nuit sur les boulevards extérieurs la reluquent si passionnément; ils savent, eux, tout ce qu'elle peut, au point de vue commercial, valoir, avec sa frimousse vicieuse, son petit corps où « il y a de quoi » cependant, de fillette, son air de trottin qui en sait déjà long, mais ne sait pas tout.

La place, maintenant, est vide; les musiciens, la femme-torpille se sont éclipsés à l'intérieur; il ne reste plus, sur les tréteaux, que le clown en souquenille jaune attendant la clientèle. C'est dimanche, il peut encore venir du monde. Il en vient, en effet, des ouvriers, des soldats, des calicots, tous des habitués, des prétendants au cœur de l'exquise gigolette. Elle doit être en piste, à l'heure qu'il est. L'orchestre joue une valse lente dont le tambour marque le rythme, couvert à tout moment par les applaudissements et les cris de l'assistance, une sorte de clameur chaude, haletante, qui ressemble à la plainte des cerfs en rut, dans les forêts...

Il en est — oh! ce sont bien les plus touchants! — qui sont incapables de quoi que ce soit, mais que l'on sent animés de tant de bonne volonté! Ils ne savent rien de rien et n'ont pas moins de succès pour cela; parmi les ouvriers, les femmes, la bande d'enfants et de traîne-la-flemme qui composent leur public ordinaire, il n'est pas rare d'en voir qui en savent plus long qu'eux, pénètrent dans le cercle, enlèvent leur veston ou leur blouse et mettent la main à la pâte. On s'amuse en famille, on se défie, on lutte, on se quitte amis pour toujours.

Que de liens, en effet, entre ces pauvres êtres condamnés à la vie et destinés à toujours ignorer de la vie tout ce qui peut en adoucir l'amertume, un peu d'espérance en l'avenir, la demi-assurance du lendemain, la récompense, en bien-être, en tranquillité morale ou matérielle, de l'effort quotidien, la joie dans le travail! Que de liens pour les unir, pour les rendre solidaires, que de sacrifices mis en commun, que d'héroïsmes obscurs, de dévouements ignorés!

Quoi d'étonnant, alors, qu'ils courent à la foire où, sans même dépenser un liard, ils peuvent, du tapage des musiques, du mouvement des lumières, de l'odeur et de l'éclat des choses, de la gaîté et du luxe des autres, goûter un peu de plaisir, oublier quelques instants la détresse de leur destinée!

III

L'écume de la foire, la lie de cette population hétérogène et équivoque, tout ce qu'elle contient de vulgarité et de brutalité, semble s'amasser autour des baraques d'athlétisme et de lutte. C'est ici le royaume de la force, l'empire du muscle ; on y respire le relent des sueurs puissantes, l'odeur acide des énergies mâles en travail.

Ils sont sept sur l'estrade, à parader : un clown grimaçant, un haltériste, et cinq lutteurs drapés à l'antique dans des manteaux de couleurs voyantes. L'un d'eux, à travers un porte-voix, fait le boniment. C'est un pesant personnage en caleçon clair à bourrelet de cuir qui a une tête de Ramollot engraissé par l'inaction et une poitrine à plusieurs étages, l'air bon diable malgré ses lourdes moustaches brunes et toujours riant, des yeux, de la gueule, de toute sa face mafflue, de tous les boudins de ses muscles. Voici, près de lui, Dimitri le Caucasien, Laurent le Bordelais, Alphonso de Barcelone, Eugène le Boucher, John III, le Champion de Liverpool, tous d'ailleurs fils de Grenelle ou de Belleville; mais celui-ci, avec son teint mat, ses cheveux noirs, on le prendrait aisément pour un Espagnol, et celui-là, grâce à ses yeux bridés et à ses pommettes aiguës, pour un authentique Tartare.

Nus jusqu'à la ceinture, ils croisent des biceps énormes sur des poitrines velues dont les mamelles se relèvent, ou, les jambes un peu écartées, le torse en avant, font valoir la musculature de leurs mollets et de leurs bras. Ce déballage de chairs, parmi les clartés remuantes des becs d'acétylène qui, fixés à des pieux, flanquent les tréteaux, a quelque chose d'indiciblement hideux; on pense, malgré soi, à un marché d'esclaves ou à l'étal d'une boucherie humaine, où l'on choisirait sur le vif son morceau. Puis, il faut voir ces têtes de brutes, la stupidité de ces visages aux traits pesants que dominent des fronts bas, la bestialité de ces bouches. Ils sont redoutables et ridicules.

Sur la scène des music-halls, durant les séances des grands championnats internationaux ou de la ceinture d'or, en pleine lumière, dans le flamboiement des ors, des fleurs peintes, des toilettes féminines, il se peut que quelque beauté rehausse ces spectacles, les pare d'un prestige, mais cela, ici, s'avère irrémédiablement piteux et misérable. Voyez-les, ces pauvres diables, ouvrir, à l'appel de leur nom, leur loque de manteau rouge ou jaune, s'exhiber. Celui-ci porte un pantalon cachou serré au-dessus des bottines par une courroie, celui-là une culotte noire sur des bas sang de bœuf; cet autre est en maillot chair ignoblement maculé avec un pagne de velours marron, et il en est qui gardent leur costume d'ouvriers ou de cyclistes, se contentent d'enlever leur chemise, apparaissent ainsi en des déshabillés d'hommes de peine, de débardeurs, de forts de la halle aux membres salis par la poussière grasse des fardeaux.

C'est d'eux, cependant, les uns et les autres, que les journaux spéciaux, les grands organes de la vie sportive, détaillent et célèbrent les performances, enregistrent les exploits. En quel style? Il faut parcourir les feuilles que les amateurs de ce genre d'exercices... et de littérature s'arrachent chaque jour, pour s'en faire une idée.

« X..., au cou de taureau, très sympathique au public, remarquable par son ardeur à la lutte, la vivacité de ses coups, porte une affection particulière au tour de hanche en tête. Il a peut-être raison, car ce coup lui réussit souvent. »

« Y... est toujours l'homme redoutable que nous avons connu, surtout sur la défensive, car dans l'attaque il ne recherche guère que la ceinture avant. »

Quant à M... « c'est un débutant, doué d'une grande force musculaire, et lorsqu'il connaîtra la lutte, il pourra, malgré sa petite taille, être un homme de valeur. Mais de même que P... il lui faut choisir entre la lutte et les poids; la lutte réclame des efforts prolongés auxquels les poids ne vous habituent point. »

Enfin : « J'ai gardé pour la bonne bouche Constant le Boucher dont le nom seul sur l'affiche suffit à faire salle comble. Que dire de lui qui n'ait déjà été dit, si ce n'est qu'il nous a semblé un peu maigri. »

Il n'importe; le pittoresque de ces spectacles n'en est pas moins curieux et amusant. Les dialogues qui s'engagent entre le bonimenteur, et la foule, et, dans la foule, les compères chargés de relever les défis jetés, d'accepter le pari, de ramasser le gant, la surexcitation du public, les gesticulations des professionnels durant la parade, l'enthousiasme des uns, les récriminations des autres, de ceux qui ne sont jamais satisfaits de rien, tout cela crée une atmosphère ardente où se combattent mille sentiments; le respect de la force physique, une espèce de terreur religieuse de la puissance du muscle, le souci de ne pas se laisser refaire, de ne pas passer pour naïf, de ne pas prendre pour bon jeu bon argent ce qui n'est que du « chiqué », la manière de supériorité dont se sentent revêtus ceux qui y connaissent, ou qui croient y connaître quelque chose, la passion du peuple pour tout ce qui est bataille, adresse, danger, la frénésie que mettent les uns et les autres à vanter les mérites de leur favori... On a beau savoir, ou supposer, que tout est réglé d'avance, que l'issue des assauts ne peut être douteuse, on s'échauffe, on s'emballe : l'illusion est tenace au cœur des hommes. Puis, faudra voir comment ce solide gaillard de portefaix se laissera tomber par le petit John III, tout champion de Liverpool qu'il soit, qui a toute la tête de moins que lui, et comment l'artilleur — l'éternel artilleur de toutes les luttes! — se tirera de la ceinture à rebours où Dimitri le Caucasien excelle.

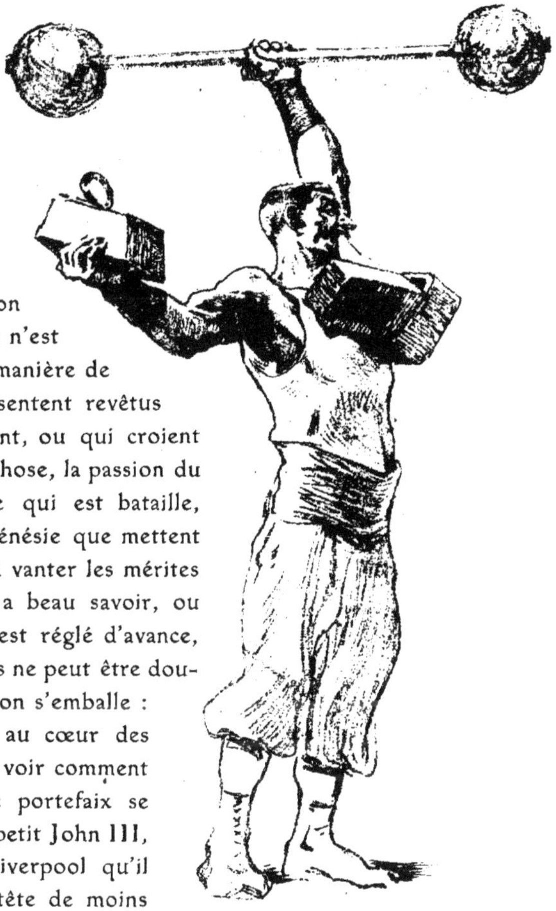

L'éloquence du bonimenteur sur l'état des baraques foraines ne manque ni d'allure ni de saveur; et, littérairement parlant, le Ramollot en pèt-en-l'air dont j'esquissais tout à l'heure la silhouette m'apparaît infiniment supérieur aux leaders les plus huppés de la presse athlétique. Le « mystère des foules » ne l'intimide pas : il ferait un politicien de premier ordre.

« Voyez, messieurs, à ma droite, là, Laurent le Bordelais! Je ne dis pas qu'il a été le champion des Folies-Bergère, mais vous savez tous, aussi bien que moi, qu'il a pris part à la ceinture d'or, il y a deux ans, et qu'il a été sur le point, s'il n'avait pas bu ce soir là une mominette de trop, lui, messieurs, qui ne boit jamais d'alcool — car je ne parle pas du vin, nos pères buvaient du vin, et sec, et ils avaient bien raison, et quant à moi, comme vous me voyez, mes parents avaient des vignes tout près du président Fallières — Vive la République, messieurs! — eh bien! je dis que si, ce soir-là, Laurent le Bordelais n'avait pas bu d'alcool (mais vous pouvez être sûr que depuis il préférerait se faire couper tout vivant en huit morceaux que d'y toucher), il aurait certainement tombé le champion du monde Cara-Ahmed. J'ai dit... Un peu de musique pour Laurent le Bordelais... Là, assez. Je continue. »

Il crache, fait quelques pas sur le balcon de planches, puis reprend d'une voix de tonnerre :

« Dimitri le Caucasien, messieurs, que vous voyez à ma gauche, est un homme qui a beaucoup voyagé. Il a fait plus de vingt-cinq fois, ou vingt-six, le tour du monde, et dans toutes les capitales, je ne dis pas, parbleu, qu'il les a tous tombés, mais il a toujours combattu d'attaque, et, mes-

sieurs, des défaites comme celles-là sont aussi belles que des victoires.

« Regardez-le, regardez-moi ce cou de taureau, ces bras, ces biceps, messieurs, et pensez que jamais Dimitri ne lâche prise. Eh bien, c'est moi qui vous le dis, malgré son air terrible, c'est le garçon le plus doux du monde, doux comme un mouton, doux comme une jeune fille — quoi ! qu'est-ce que vous avez à rire, vous là-bas, dans votre coin ? — bien oui, ce que je dis est la vérité ; y a pas d'homme fort qui soit méchant.

« Et maintenant, y a-t-il quelqu'un qui voudrait lutter avec lui ? Nous ne sommes pas le Nouveau-Cirque, ni le Casino de Paris, ni la maison Bostock, mais celui qui le battra, y a cent sous pour lui. Qui qu'a dit oui, est-ce vous, jeune homme ? attrapez ce gant. Et pour ce qui est de la tune, messieurs, voilà un brave militaire — avancez donc, monsieur le militaire, et montez près de moi, là, n'ayez pas peur, un militaire n'a jamais peur. — Vive l'armée ! — Militaire, vous m'avez l'air d'un honnête homme, prenez cette pièce de cent sous, cinq francs : Liberté-Égalité-Fraternité, 1875, et vous la donnerez à celui qui gagnera la partie.

« Attention : y a pas d'erreur possible. C'est pas le premier qui sera tombé qui aura gagné ; faut que les deux épaules touchent et que le coup soit pas jeté, mais accompagné. Est-ce bien compris, messieurs ? Oui ! Je confie la belle pièce de cent sous, toute neuve, à l'Armée française. Eh là ! où courez-vous, soldat ? Déjà la boire ; non pas, mon garçon, restez à mes côtés, à l'honneur, sur l'estrade. Messieurs les musiciens, la *Marseillaise !* »

Le trombone s'agite, le piston pistonne, la

grosse caisse tonitrue, et le porte-voix recommence à hurler :

« Messieurs, nous n'abuserons pas de votre patience. Mais il faut que je vous présente encore le fameux champion de Liverpool, John III. Nous voici en Angleterre. Honneur au loyal sujet du roi Édouard ami de la France! Musiciens, si vous savez par cœur le « Code sauf si quing », jouez-le s'il vous plaît; si vous ne le savez pas par cœur, faudra l'apprendre pour la prochaine fois. John III, messieurs — oui, messieurs, oui, on va commencer de suite! — ne connaît que la lutte anglaise, comme son nom l'indique. A qui un gant? A vous? soit, mais savez-vous ce que c'est, mon garçon, que la lutte anglaise? C'est la lutte libre; on touche où on veut, ça vous va-t-il, ou ça ne vous va-t-il pas?

— Faut pas non plus qu'il se mette à me tirer par les moustaches, le John, et encore moins, à me faire des retournements de bras à l'américaine. Sans cela, je marche pas, ou bien je lui ferai le coup de tête dans l'estomac à lui aplatir son « storax » comme une punaise de son pays. On verra bien. Un gant et allons-y!

— Vous avez entendu, messieurs. Vous n'avez plus qu'à prendre vos places. Allons, messieurs, pressons, pressons. On commence!

Donc, la parade achevée, — c'est la huitième fois qu'elle recommence, car le public est singulièrement hésitant, ce soir, — on se range autour de la piste carrée, sur les gradins qui ceignent de trois côtés le champ clos, le quatrième touchant le mur de toile qui forme le fond de la baraque. Sauf le tapis, fortement rembourré, sur lequel tout à l'heure se mesureront les athlètes, la salle est plongée dans la pénombre; on distingue à peine, à quelques mètres de soi, des têtes, des mains, un grouillement de formes humaines, un brouillard de gestes que piquent çà et là, comme des réverbères par un crépuscule d'hiver, les points lumineux de cigarettes et de cigares.

L'haltériste ouvre la séance. Maillot noir, chaussettes rouges retenues par des jarretelles aux boucles dorées; une gueule de bouledogue sur un corps d'aspect frêle, un cou massif sur de minces épaules où s'ajustent de terribles bras trop courts, semble-t-il, et trop forts, par contraste avec la sveltesse du tronc. Et les exercices habituels, les ordinaires tours de force exécutés avec des poids faux, ou demi-faux, se déroulent : « l'arrêt à bras tendu » des quatre-vingts kilos qui en pèsent cinq à peine, « l'arrachement des cent vingt livres », ou pour mieux dire, l'enlèvement à bout de bras de trois poids de dix ou douze kilos au plus retenus par les anneaux ou liés par un mouchoir, « la croix de fer » qui n'est autre chose que le bras tendu double avec un poids dans chaque main, « l'éteignoir », « la serre de l'aigle », « la marche de Samson », et diverses jongleries, pour s'achever, aux applaudissements nourris de l'assistance, par « la roue », qui consiste à lancer en arrière, par-dessus l'épaule, le poids et à le saisir, lorsqu'il retombe en avant, par l'anneau, sans que le corps se déplace.

C'est le tour, maintenant, des lutteurs.

Le premier jeu n'offre qu'un intérêt restreint. On dirait une démonstration à la papa de tous les coups possibles et imaginables : des prises molles, sans énergie, des tours de bras portés à la volée, des attaques si indécises qu'elles n'aboutissent à rien... tant et si bien, ou plutôt si mal, que le public s'en exaspère jusqu'au moment où l'amateur, se laissant faire, touche des deux épaules, puis, vite sur pieds, après avoir serré la main de son adversaire, se défile, suivi par une bordée de sifflets.

Deuxième jeu : l'homme au porte-voix, le bonimenteur de tout à l'heure, une énorme masse de chair, boursouflée et livide, avec des bourrelets à la taille, au cou, aux aisselles, contre un ouvrier, plutôt petit, mais d'une souplesse fantastique, tout en muscles et sans cesse frétillant par soubresauts, comme un poisson qu'on cherche à saisir. Ils prennent contact; en un clin d'œil, le petit est à terre, sur le dos, et le corps tout entier du gros semble l'écraser. Les deux épaules touchent-elles? Oui! Non! « Oui! » disent les autres lutteurs. « Non! » crie le public. On trépigne, on se dispute... pour la forme, d'ailleurs, car le directeur du combat, le « managing director » de l'établissement, ayant, d'un ton d'oracle, déclaré qu'en effet les deux épaules ont touché mais pas assez longtemps et que la lutte n'est point terminée, tout s'apaise. Le jeu recommence. Le gros risque une ceinture à rebours. L'autre est enlevé les jambes en l'air, et sa tête touche déjà le sol, mais il se laisse, d'un coup de rein, fléchir, se ramasse sur lui-même en portant le corps en arrière. C'est la parade traditionnelle et le gros la connaît. Que se passe-t-il? On ne discerne plus qu'une masse de chairs confuses où les jambes de l'un s'entremêlent aux bras de l'autre, où les têtes disparaissent soudain pour réap-

paraître aussitôt comme soudées à des épaules étrangères. Enfin, le petit amateur a surpassé le coup, et le professionnel, avec un han essouflé, est définitivement « tombé ». Mais le gros ne veut pas en convenir, c'est lui, tout de même, qui est vainqueur. Le public proteste, il protesterait jusqu'à demain, si le patron n'intervenait, priant le public d'autoriser le vainqueur à la petite collecte habituelle et donnant le signal du nouvel assaut.

Celui-ci paraît plus sérieux, qui met aux prises un nègre — bon teint, sans doute! — et un artilleur en tenue, pantalon rouge et basanes, le torse et les bras nus, d'une blancheur toute féminine. Le nègre a la mobilité, la rapidité de gestes, la souplesse aisée d'un grand singe; l'artilleur une étonnante nervosité, une précision et une décision dans l'attaque, une espèce d'impatience frémissante qui le font harceler sans relâche son adversaire. Tour de tête, ceinture de devant, tour de hanche, bras roulé, tous les coups, ils se les portent alternativement, avec la même sûreté. On entend le bruit sec des membres qui se heurtent, des os qui craquent sous l'étreinte, le halètement des poitrines collées l'une contre l'autre; sous la clarté crue de globe à bec renversé qui éclaire la piste, l'union tumultueuse de ces deux corps, des membres bruns et des membres blancs, prend une allure fantastique; on dirait la lutte meurtrière de deux races. Une pétarade, soudain, dans l'ardeur tendue de l'action, échappe au nègre : nul ne songe à rire. Tous les visages, sur les

gradins, parmi l'indécise pénombre, disent l'angoisse passionnée, l'attente anxieuse. Les spectateurs du premier rang se couchent presque au ras de la piste pour mieux voir les deux corps se prendre, se déprendre, se tordre, gonfler leurs muscles pour le suprême effort; une espèce de curiosité malsaine allume les regards, un rictus bestial déforme les bouches.

« Touché! touché! » L'artilleur a eu le dessous. D'un coup de rein, les voici debout, tous les deux. On les acclame également, on trépigne de joie. Ils se donnent la main, ils ont le geste généreux et héroïque de ceux qui ont combattu loyalement pour une noble cause. Le long de leur chair débandée, la sueur ruisselle; elle s'étale en nappe sur les méplats et coule en rigoles dans les vallées sinueuses que forme le relief des muscles.

La représentation est terminée.

— Belle séance, monsieur!

C'est un de mes voisins, un vieil et gros homme à la carrure puissante, l'air d'un forgeron de village, qui, tout en quittant la baraque, m'adresse cette question. Et je réponds, hélas! Alors, il se cramponne à moi, et d'une voix grasse, fleurant l'alcool :

— Moi aussi, monsieur, j'ai été beau. Je pesais cent vingt-cinq kilos, quand j'avais vingt-cinq ans, et personne ne voulait lutter avec moi. Car alors, on luttait, on savait ce que c'était que la lutte. Aujourd'hui, malgré tous ces championnats et toutes ces ceintures d'or, comme on dit, on ne fait plus que du chiqué. Au Casino de Paris, l'autre soir, il paraît qu'un gros Suisse, qui pèse cent quatre-vingts kilos a tombé l'autre, un vrai lutteur... savez-vous comment, monsieur? par un « ramassement de ventre ».

Non, c'est à se tordre de rire; un ramassement de ventre! Voilà un coup qui ne figure pas dans la *Leçon de lutte* de François le Bordelais!

Il dodeline de la tête et crache, par trois fois, en signe de mépris.

— C'est comme les Turcs, reprend-il. Dame, les Turcs, il faut croire que dans leur pays, ils savent lutter, à leur manière, mais ici! Pensez que chez eux, tous les coups sont permis; ils se graissent le corps, ils portent une culotte de cuir, graissée aussi, qui pèse déjà cinquante kilos. Dame, dans ces conditions, faudrait voir. Tenez, j'ai beaucoup connu Youssouf. C'était un magnifique gaillard. Il tombait tout le monde. J'étais très fort, moi, monsieur, eh bien! il jouait avec moi comme avec une cigarette. — Un jour, on lui a fait faire une rencontre avec un autre Turc. Ah! dame, ils n'y allaient pas de main morte, ni l'un ni l'autre. Alors, comme il ne pouvait pas venir à bout de son adversaire, savez-vous ce qu'a imaginé Youssouf? Il lui enfonce ses doigts dans le nez et lui bouche la bouche avec la paume, puis, avec la main gauche, il cherche à le harponner au bon endroit. Si l'autre n'avait pas eu sa culotte de cuir, il était flambé net. Les spectateurs poussaient des cris d'épouvante. Youssouf ne voulait pas lâcher prise; on s'est mis alors, en attendant l'arrivée du commissaire de police que l'on était allé chercher, à le battre à grands coups de canne, jusqu'à ce qu'il cède. Il cède enfin, on croyait l'autre mort, mais il se lève, très calme, un peu pâle, voilà tout, et il dit qu'il aurait pu résister encore longtemps, et qu'on a eu tort de les séparer! J'étais là, sur la scène. « Ce n'est pas une lutte, ça, s'est écrié le commissaire, c'est une course de taureaux. » Il avait raison, pas vrai! Dame,

monsieur, la lutte, la lutte française surtout, il y a pas à dire, c'est un art.

Une halte; nous longeons un de ces cafés en plein vent où les cyclistes et les chauffeurs, les petits bourgeois et les gens de maison prennent le frais, les soirs d'été, parmi les musiques et les clartés dansantes de la foire.

— Si qu'on boirait là quelque chose en causant, s'écrie le vieux lutteur.

Et nous nous attablons. Assis en face de lui, je le regarde et l'examine. L'air d'un brave homme, après tout, pas fat ni roublard, l'air d'un vieil ouvrier qui a quelques économies et joint

les deux bouts, en bricolant, de côté et d'autre, dans le coin de banlieue où il finit ses jours.

— Oui, monsieur, un art, reprend-il, tout comme la peinture et la sculpture. On dit toujours des artistes, pour les gens qui mettent des couleurs sur la toile ou qui font des statues en marbre, mais il y en a bien d'autres, dans des tas de professions, qui sont aussi des artistes. Et un bon lutteur, c'est moi qui vous le dis, est un artiste. Mais qu'est-ce qu'un bon lutteur? Tenez, monsieur, Maurice Gambier — vous connaissez Maurice Gambier, de nom, au moins — eh bien! Maurice Gambier a publié, il y a quelque temps, dans un journal, un article magnifique sur la lutte. Je le sais par cœur. Écoutez.

Il assied sa voix, crache, avale une gorgée, et d'un ton solennel, débite :

« Pour faire un bon lutteur, il ne suffit pas d'être fort. Évidemment, les moyens physiques que nous a donnés la nature ne sont pas à dédaigner. Ils constituent un appoint indispensable dans la pratique d'un sport où l'on est appelé à rencontrer des hommes d'une vigueur exceptionnelle.

« Mais une chose de laquelle les débutants doivent avant tout se pénétrer, c'est qu'il est indispensable, si l'on veut lutter, d'avoir le « cœur bien attaché ». L'homme qui n'est pas courageux, dont la volonté est chancelante, ne sera jamais qu'un sujet médiocre. La lutte ne consiste pas à tomber son homme en un rien de temps. Chacun est appelé à rencontrer des individualités qui lui opposeront purement et simplement une résistance passive et décourageante, dont on ne pourra venir à bout que grâce à une ténacité que rien ne rebute. Le lutteur de tempérament ira jusqu'au bout; il ne cessera de harceler l'adversaire qu'alors qu'il s'en sera rendu maître. Donc, première qualité indispensable : le courage à l'ouvrage.

« Une autre condition non moins importante est l'assiduité au travail. On ne devient pas un lutteur du jour au lendemain. On naît avec des dispositions naturelles, une intelligence plus ou moins grande de la lutte, mais ce sont là des dons qui demandent à être cultivés. Vouloir arriver à quelque chose sans se mettre sérieusement au travail est un songe creux. Endurance, intelligence et labeur, telles sont les trois qualités primordiales qu'il est nécessaire de réunir, si l'on veut arriver à un résultat appréciable. »

— Vous avez entendu, monsieur! Eh bien! j'ai un de mes amis qui a un fils à l'École des Beaux-Arts; ses professeurs lui

disent exactement la même chose. Malheureusement, tout s'en va, il n'y a plus de principes, en rien. On veut tout faire aujourd'hui à grande vitesse, à cent vingt à l'heure. Où irons-nous ainsi? A la culbute définitive. Tournant dangereux. La lutte française en est là, aussi. Voilà-t-il pas que l'on se met à lancer chez nous cette nouveauté japonaise, le... comment prononce-t-on? le... jésuchou, le jijusou.

— Le Jiu-jitsu.

— Oui, c'est bien cela, un nom à coucher à la rue! Je ne sais pas en quoi ça consiste, cette affaire-là, mais ce que j'en ai entendu dire ne me dit rien qui vaille. Ça n'est pas de la lutte, c'est de la chirurgie. Il s'agit d'opérer son adversaire; un petit coup par ci avec l'épaisseur de la main, une chiquenaude par là, un pinçon à droite, ou à gauche, et le tour est joué. Vous êtes cuit; il n'y a pas à rouspéter, paraît-il. Eh bien! et si je lui colle un marron, moi, à votre professeur de jijusou, en plein visage? Lui en ferai-je voir des chandelles! pas trente-six, mais trente-six-mille-cinq-cent-cinquante-cinq! Ah! la bonne blague!

L'heure passait; nous nous séparâmes.

— Mon tramway n'attend pas. Bonsoir, monsieur, et merci pour vos gentillesses. Voici ma carte : — *Jean-Pierre Barbotton dit Gaspard le Terrible, ancien lutteur. Puteaux.* — Elle est un peu sale, excusez. Je viens tous les soirs chez Marseille fils, pendant la foire à Neuilly, nous nous retrouverons.

Et comme il grimpait sur la plate-forme et que la voiture se remettait en marche :

— Oui, oui, si je lui colle un marron, à votre marchand de jijusou! Trente-six-mille-cinq-cent-cinquante-cinq chandelles...

Je longeai de nouveau la fête pour rejoindre la Porte-Maillot; devant l'estrade aux lutteurs une cohue épaisse se bousculait. Le bonimenteur hurlait encore dans son porte-voix; les mêmes athlètes continuaient d'exhiber, à travers l'écartement de leurs manteaux de couleurs voyantes, la lourde viande de leurs abatis; corps et masques de brutes aux yeux stupides et bestiaux, devant lesquels s'extasiait la bêtise de la foule malingre et rachitique, le snobisme des élégantes en goguette, relents de sueur, âcre haleine des bouches empestées de tabac et de vin, cris et rires, refrains obscènes, charivari de musiques et de lumières, — pourquoi la vision m'obsédait-elle d'une nuit romaine, en quelque faubourg de la ville impériale (n'était-ce pas le même grouillement de marchands et de prostituées, de baladins et de fonctionnaires, de gladiateurs et de proxénètes, de parasites et de philo-

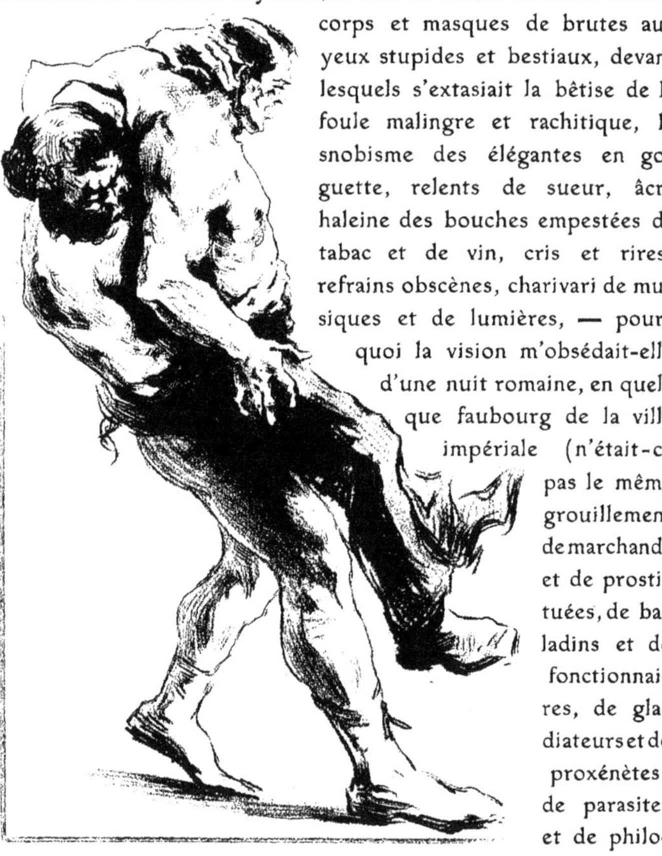

sophes, de patriciens et de parvenus) aux dernières heures de la décadence?

Les cochons roses tournent, tournent dans un tourbillon d'étoffes neigeuses, de visages fardés, de plumes, de dentelles où s'emmêlent, comme des algues légères, les serpentins emportés par le vent de la course; les chariots des montagnes russes filent à toute vitesse sur leurs rails; dans le tire-bouchon du tobogan, sur le chemin de bois poli, les corps sont lancés, glissent, en une descente vertigineuse. La folie du mouvement domine la foule; la mort est immobile et la foule a la passion frénétique de la vie. Elle se rue à tous les plaisirs, à tous les spectacles où elle peut participer en s'agitant, en sautant, en dansant, en volant, en courant... Il faut qu'elle gesticule pour qu'elle se sente exister. Elle veut du bruit, quel qu'il soit, musique, coups de canon, de la lumière qui remue, papillote, éclate ; elle a horreur du silence et de l'ombre ; dans la solitude ou dans la nuit l'homme moderne a peur de lui-même.

Dans ce tohu-bohu de lumières et de bruits, il y a, cependant, des coins d'ombre et de silence, des coins de tristesse, des coins de misère, qui sont comme l'envers de la fête. Entre les roulottes, derrière les tentes et les baraques, serpentent des couloirs noirs où s'accumulent les reliefs et la réserve du spectacle, mêlés aux détritus de la vie ménagère.

Les forains prennent là, l'été, leur repas, à l'ombre de toiles tendues ; le fourneau de cuisine rejoint la table, la civière des wagons tient lieu de cave et de garde-manger, les torchons sèchent sur les rayons des roues, un rayon de soleil darde ; tout était terne et mort, tout s'allume, le sang bleu du vin flambe dans les verres, un pot d'étain, une casserole émaillée, la faïence des assiettes irradient ; sur le fond sombre des voitures, parmi le poudroiement des atomes lumineux, des taches de couleur scintillent et remuent, le plastron rose d'une chemise d'homme, une nuque dorée de femme, des frimousses d'enfants, une aile de cacatoès, le museau d'un chien dans un tas d'ordures. L'odeur de la cuisine à l'ail, mélangée à l'arome de la chicorée chaude et au relent de la vinasse, alourdit l'air. Des bras s'étirent, des jambes s'allongent, des dos se calent au dossier des chaises, des faces rouges se bouffissent de sommeil, descendent lentement vers les poitrines nues, s'y calent bientôt immobiles et ronflantes. La gloire d'août incendie le ciel ; c'est l'heure pesante où pas un souffle

ne vient alléger l'atmosphère; le champ de foire est désert, les baraques sont closes, de grands rideaux de toile grise enveloppent les carrousels; la fête dort, la fête se repose.

Par la pluie, la fête s'ennuie. Une de ces pluies serrées, lentes, qui emplissent toute l'atmosphère, et dont il semble, après deux heures, qu'elles durent depuis des siècles; elle fait le désespoir des forains. Ils errent dans leurs baraques, ils traînent tout le jour dans les bars voisins, n'osant s'éloigner, pareils aux maçons qui hésitent, retenus par l'espoir d'une éclaircie, à quitter le chantier. Les heures s'écoulent ainsi, longues et mornes, dans l'inaction du chômage. Mais le ciel pleure sans cesse et ses larmes font dans la terre foulée des avenues de larges mares. Le soir tombe, les réverbères s'allument; les toits, les murs de toile des baraques, des boutiques, des carrousels suintent l'humidité noire; le sol est comme traversé de reflets, par endroits, et, par d'autres, on le dirait creusé de grands trous d'ombre.

Voici que, vers neuf heures, la pluie cède; des rideaux se lèvent, des volets s'ouvrent, l'espoir renaît au cœur des forains. Peu à peu, ici et là, des manèges commencent à tourner et des orchestres mécaniques à moudre leurs refrains, et le champ de fête se peuple. Dame, ce n'est pas la presse des grands jours, la cohue des belles soirées où il semble que des quatre coins de la ville on se soit donné rendez-vous ici. Mais il faut faire contre mauvaise chance bon cœur; les forains sont des philosophes; ils savent, mieux que n'importe qui, l'inanité des récriminations et des plaintes. Laissez-les vous conter leur existence — point n'est besoin d'insister! — vous dire par le menu leurs peines et leurs joies, vous initier au fonctionnement de leur entreprise, à leurs déboires et à leurs succès, laissez-les vous ouvrir leur cœur... Ils sont vantards, qui ne l'est pas? cabotins... nous le sommes tous; ils aiment plus que tout l'argent, pour les jouissances immédiates qu'il procure, osez donc leur jeter la pierre! Ils sont durs pour les faibles, indifférents aux misères des autres, cruels envers leurs concurrents; ils paraissent grossiers et brutaux, âpres au gain; c'est qu'ils ignorent l'art de la dissimulation, la science des mots qui mentent, des belles phrases ou des silences dont nous habillons les mêmes laideurs morales. Ils flattent le public et le méprisent; n'est-ce pas l'ordinaire attitude de tous à l'égard de ceux qui les font vivre? Notables commerçants,

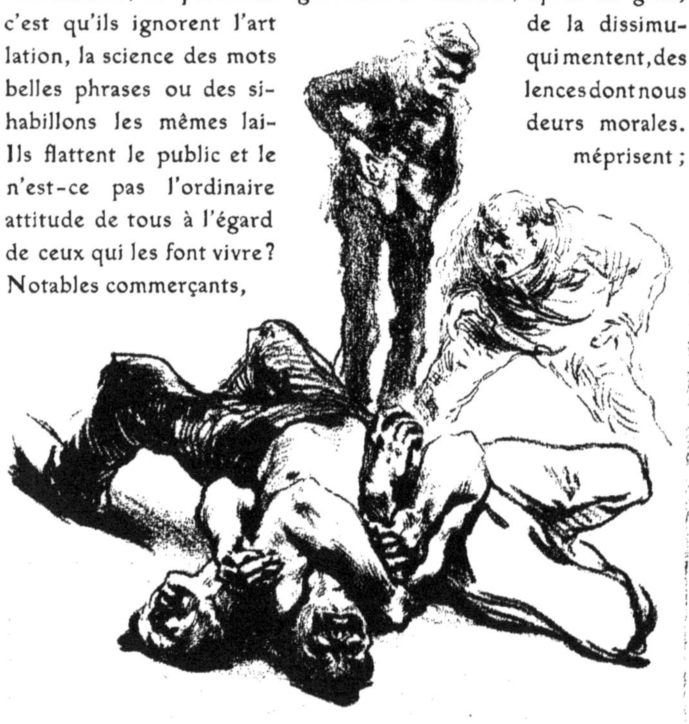

banquiers, gens de boutique ou gens de bourse, gens de cour ou gens de maison, artistes, écrivains avides de succès et qui ne reculent devant aucune bassesse pour le conquérir, hommes politiques qui vendent leurs convictions comme les prostituées vendent du plaisir, vous tiendriez le même langage que les forains, si la civilisation ne vous avait enseigné que le mensonge est la clef de voûte de la vie sociale. Vous faites, pour réussir, les mêmes grimaces, les mêmes singeries; vous débitez, pour écouler votre marchandise, les mêmes sottises, vous vous costumez des mêmes défroques pour attirer les regards, car il faut vendre. Vendre, c'est la loi nouvelle; vendez pour aimer, vendez pour rêver, vendez pour jouir, vendez pour vivre. Ne pas vendre, c'est mourir. Et vous aimez la vie! On doit aimer la vie!

Réflexions moroses d'un soir de pluie, sur le champ de foire presque désert, où les grandes masses noires des chevaux de bois et des ménageries, que leurs frais trop lourds empêchent de fonctionner sans de sérieuses chances de recette, ressemblent à ces rideaux de cyprès derrière lesquels, dans les cimetières, on brûle, de temps en temps, les vieilles couronnes et les vieux cercueils. Il n'y a pas assez de lumière, ici, pas assez de bruit, pour que la joie naisse, la grosse joie brillante et tapageuse qui emporte les mélancolies et déracine la tristesse. Puis, là-haut, sur nos têtes, court un cataclysme d'épouvante. La bataille des nuages dévaste le ciel livide; autour de la lune, pleine, il se livre de furieux combats dont tout l'infini est ébranlé. Des monstres au dos noir ourlé de flamme s'entremêlent en une rage furieuse, se déchirent, s'effilochent, dispersés par le vent, tandis que d'autres montent de l'horizon, prêts à recommencer l'assaut. La lumière, une fois de plus, est vaincue par l'ombre; le ciel entier, maintenant, est noir de boue. Il va crever; il crève; une trombe d'eau s'abat avec un bruit d'écluse ouverte. On s'abrite où l'on peut, tout trempé déjà; on regarde danser dans le lac noir du sol les reflets tremblotants et vif des réverbères...

Demain, dans le soleil ou sous le flamboiement des lampes à arc et sous les guirlandes de fleurs en celluloïd qui font ressembler les avenues à des treilles enchantées, tout resplendira de nouveau, tout reprendra ses couleurs pimpantes, et le champ de foire redeviendra le domaine de la gaîté, du plaisir, de l'artifice et du clinquant...

Je revois, parmi toutes ces agitations, au sein de cette fièvre trépidante, dans ce charivari de couleurs et de sons, pareille à un exemple ou à un reproche et si douloureusement anachronique, l'immobile figure d'un mendiant. Tout au cœur de la fête, entre deux baraques, il était posté, le corps raidi par la paralysie, sur une planche à roulettes. Deux flambeaux le flanquaient, éclairant durement par dessous sa face. Les yeux, ouverts, voyaient-ils? Nulle expression ne se lisait sur ce visage figé. Il était là, les membres inertes, le tronc un peu rejeté en arrière sur ses jambes croisées à la manière des bouddhas, les bras comme collés le long du corps. On eût dit une de ces images de bois, à peine dégrossies, dont les artisans du moyen âge ornaient les façades de leurs maisons. Vivait-il? Nous fûmes quelques instants à nous le demander.

La foule passait et repassait devant lui, flâneuse ou pressée, Elle ne le voyait pas plus qu'il ne la voyait, elle n'avait pas plus conscience de lui qu'il n'avait conscience d'elle. Percevait-il, cependant, les bruits, était-il sensible à ces rythmes heurtés, aux rumeurs, aux cris, aux éclats de rire de la cohue? Douloureux à regarder, non, pas même; le dessin de son visage ne manquait ni de finesse ni de distinction, et son vêtement était décent et propre, presque soigné. Des cheveux longs, une longue barbe bien peignée, des mains bien tenues... Il restait immobile, pareil aux poupées des jeux de massacre. Dans la sébile posée devant lui, quelques pièces de menue monnaie.

Longuement nous le contemplâmes, comme on contemple une statue, mais avec une espèce de crainte angoissée. Par deux fois, alors, il abaissa ses paupières et les releva, et ce fut tout : deux larmes glissèrent sur ses joues. L'homme vivait; il assistait, immobile, au passage, au grouillement, à la joie de la vie, au plaisir de cette foule jouisseuse, sans qu'il lui fût possible d'y prendre part. L'homme pensait. Pourquoi était-il là, cloué sur sa planche, exposé au danger d'une bousculade ou d'une brutalité, dans les odeurs malsaines, dans le bruit, dans la lumière? Expiation volontaire ou châtiment, misère ou abandon, quelle pouvait être la cause de sa présence là, à cette heure tardive? Et longtemps, de loin, nous l'observâmes.

Une fillette parut enfin, qui vint vers lui, et du plus joli, du plus touchant geste de pitié, tendrement, dévotement, craintivement, le baisa au front, puis, ayant attaché une corde à l'anneau de fer du petit chariot, elle l'emmena ainsi..., lui ouvrant un chemin à travers la foule, se retournant de temps à autre pour le regarder, comme un enfant qui traîne un jouet précieux...